木村 明憲［著］
Kimura Akinori

自己調整学習

主体的な学習者を
育む方法と実践

明治図書

はじめに

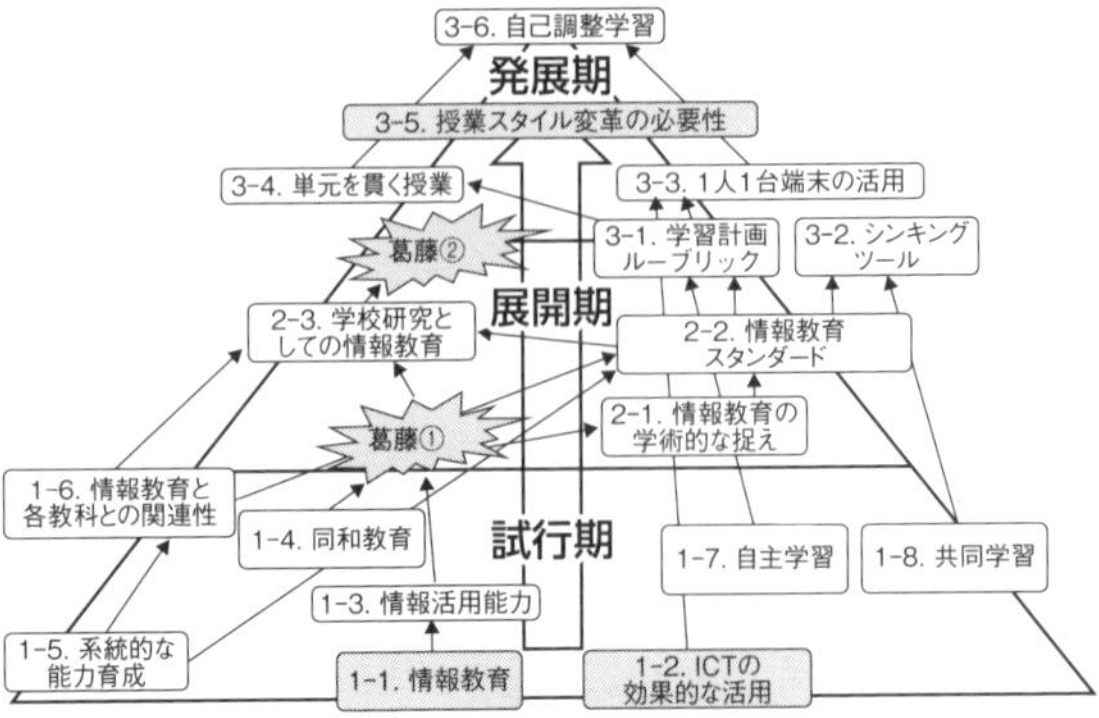

図1　著者の教師経験と信念ピラミッド（後藤壮史氏作成）

本書では、学校現場における「自己調整学習」について、私自身の実践や研究から得た知見を基に述べています。

私は、現在大学で教鞭をとりながら、自己調整学習の授業実践を続けています。このように、自己調整学習が重要であるという考えに至ったのは、小学校での教育実践と、教育センターや大学院での研究活動の影響によるものです。

図1は、「自己調整学習が重要である」という考えに至った私の教師経験と、信念について整理したピラミッドチャートです。このチャートは、奈良県の教員で教員の授業力量形成を専門に研究されている後藤壮史氏が、私にインタビューを行い整理した図です。

この図を基に、私の過去を少し遡ってみます。

まず、私は新任の学校で、情報教育に出会いました。その学校では、学校の研究としてＩＣＴ活用を進め、子どもたちの情報活用能力を育成することを大切にしていました。そして、次に、同和教育を核に、20年間、国語科を中心に言語能力を育成することを大切にしてきた学校に赴任しました。これらの2つの学校の経験から、私は、子どもたちの能力を高めることの大切さを学びました。

その後、私は教育センターの研究員として情報教育推進について研究をすることになりました。私は、研究員という立場を活かし、小学校のすべての教科を情報活用能力という視点から再整理し、情報活用能力を育成するための教材を完成させました。このような経験から、子どもたちの能力を形成するためにどのような手立てが必要であるのかということを深く考えることができました。2年後、教育センターでの経験を基に、再度、学校現場に戻り、子どもたちの情報活用能力を育成するための教材を授業や家庭での自主学習で活用するとともに、子どもたちが自ら学ぶ授業を目指し、シンキングツールやルーブリックを授業に導入したり、それらの考え方を教育センターで作成した教材に盛り込んだりして、授業を充実させていきました。

このように授業実践を進めている最中、私は国立大学の附属小学校に赴任することになりました。私はその学校で、子どもが1人1台のタブレットPCを活用して学ぶ授業を推進する役割を得ました。このような立場で授業におけるICT活用を模索したことで、私は、**「単元を通して授業を考える必要がある」**ということに気づいたのです。このことに気づいた後の私の授業は変わりました。単元導入時に、単元の見通しを子どもたちと共有し、できるだけ子どもたちが主体的に学ぶことができるように心がけるようになりました。また、新しい単元に入る前に、単元すべての教材研究をするようにもなりました。このような授業スタイルを追究するようになり、子どもたちが見通しを明確にもち、自らの学習を振り返って、次の学習につなげていくにはどのようにすればよいのだろうと悩むようになりました。この悩みを解消するきっかけとなったのが、自己調整学習との出会いです。

本書では、このような教師経験の中で到達した自己調整学習を、学校の授業においてどのように実現していくのかについて、私の実践及び研究での経験を基に、したためていきたいと思います。

２０２３年２月

木村明憲

もくじ
Contents

第1章

「見通す」フェーズ

課題を基に問いを見いだし、学習目標を明らかにする

第2章

「実行する」フェーズ

目標、計画を基に学習活動を進め、課題を解決したり、目標を達成したりするために学習を確認／調節する

第3章
「振り返る」フェーズ
自らの学習を振り返り、次に活かす

第4章
自己調整学習のための教材と学習モデル

終章

自己調整学習の重要性

序章

自己調整とは

自己調整を理念の中心に据える

1　世界を救い、自らを幸福にする力

今日、子どもたちが主体性を発揮して学ぶことが重要視されています。これは、日本の学校教育に限ったことではありません。世界中の国々で子どもたちのスキルやコンピテンシーを育成し、それらの力を発揮して学ぶことが重要視されているのです。

では、なぜ、これまでのような教科内容が中心（コンテンツベース）の教育から、スキルやコンピテンシーの育成が重要視されるようになったのでしょうか。

これらが重要視されるようになった要因は、**「すぐには答えが導き出せない」「答えがない」問題が世界中に山積しているから**ではないでしょうか。

例えば、地球温暖化をはじめとする環境問題です。年々気温が上昇し、世界各地で異常気象が起こり始める現在、温暖化を止めるべく、世界各国で様々な取組をしています。しかし、未だそれらの取組は大きな成果を得るに至っていません。地球温暖化のような、すぐには答えが導き出せない難問に、今後、私たちは立ち向かっていかなければならないのです。

また、昨今は、国と国との関係についての問題、新型コロナウイルス（COVID-19）などのウイルスや感染症の問題、日本においては少子化や高齢化による労働力の低下、福祉に関する問題など、すぐには答えが導き出せない多様な問題が存在しています。これらの問題を解決し、世界中の人々が安心して、幸せに暮らすことができる世界を築くためにも、すぐには答えが出ない問題、答えがない問題に立ち向かうことができる人材を育成することがとても大切なことなのです。

では、このような答えのない問題に立ち向かうことができる人材とは、どのような力をもつ人なのでしょうか。

それについても明確な答えはありません。ただ、物事をたくさん知っているだけの人ではないように思います。また、いろいろなことができるだけの人でもないように思います。

答えのない問題に立ち向かい解決することができる人は、おそらく、問題の解決に向けて、知識や技能を組み合わせたり変化させたりして新しい価値を創造することができる人、問題の解決に向けて目標を明確にし、計画を立て、紆余曲折があっても粘り強く取り組み、達成することができる人なのではないでしょうか。

このように、目標を設定し、自らを省みて、調整しながら物事に取り組んでいくことができる人は、**仕事だけでなく、きっと日常生活をも調整し、豊かで幸せな人生（well being）を実現する**ことができるのではないかと思います。

本書では、このような答えのない問題に立ち向かうことができる力や、自らの人生をより楽しく、幸せにする力であると考えられる「**自己を調整する力（自己調整スキル）**」について、それらの力を育成すると考えられる自己調整学習を切り口に、考えを深めていきたいと思います。

2 Adelaide Aldinga Payinthi College の挑戦

① Adelaide Aldinga Payinthi College

オーストラリア、南オーストラリア州の Adelaide から南へ約50㎞、南オーストラリア州で有名な Aldinga ビーチの近くにその学校はあります。その学校の名前は Adelaide Aldinga Payinthi College。ここでは、子どもたちが自己調整をして学ぶことを学校教育の核に据え、日々の授業が行われています。

オーストラリアでの College は、日本での小・中学校と高校の一貫校を意味します。南オーストラリア州では、小学校から高校卒業までの12年間が義務教育になっており、小学校の6年間を Primary、中・高の6年間を Secondary と呼んでいます。したがって、ここには、Primary と Secondary、さらに、特別支援、保育園が1つの広大な敷地に併設されているのです。この学校が位置する Aldinga は近年開発が進み、多くの人々が移り住むようになった地域です。移り住んだ人々の中には若い年代の人も多く、子どもたちも著し

図1　Aldinga Payinthi College の廊下

く増加していることから、州が新しい学校をつくり、２０２２年１月からこの学校がスタートしたとのことでした。

　この Aldinga Payinthi College に私が訪問したのは２０２２年の８月で、学校がスタートして半年と少しが経ったときでした。私は、最新鋭の設備が整った大きく美しい校舎と天然芝の巨大なグラウンド（フットボールのコートが２面、サッカーコートが３面、テニスコートが２面）に大変驚きました。

　Primary の校舎内に入ると、廊下に丸テーブルやソファーが設置されており、天窓から太陽の暖かい光が差し込んでいました（図１）。教室の壁や扉はガラス張りで、廊下からすべての教室を見渡すことができるようになっていました。また、教室の対面に、子どもたちが個別に学ぶことができる個室や教員のStaff Roomが配置されていました。教室に入ると、80インチの電子黒板が設置されており、その方向を向いた半円のソファーやソファーの背もたれを利用した机と、少し高めの椅子が設置されていました（図2）。その他に、1人用と4人用の丸テーブルがあり、子どもが自分の感覚や感情の状態に合わせて最適な環境を選択することができるように工夫されていました。

先生方は、**自分の状態に合わせ、最も学習しやすい環境（学習場所や机や椅子）を選択して学習することができるようになることが、1つの自己調整である**と語っておられました。

また、教室の3面は大きなガラスの引き戸になっており、廊下、隣の教室、外の遊び場につながるように設計されていました。これも子どもたちが学習中に自己調整（廊下や外、隣の教室にすぐに移動し、感覚や感情を調整する）することができる工夫だそうです。

② Adelaide Aldinga Payinthi College の教育の内面

次に、この学校の教育の内面に触れていきます。ここでは、1クラス（2学年が一緒に

図2　Aldinga Payinthi College の教室

学ぶ）の児童が約20名で、Homeroom Teacher が1名、Assistant Teacher が1名で編成されていました。また、すべての学年が2クラスあり、授業はほぼ学年（2クラス一緒に）ごとに実施されていました。実施されていた授業は、まず、2クラス一斉に電子黒板を使いながら1人の Homeroom Teacher が子どもたちに課題を提示していました。課題を提示した後は、すべての子どもたちが課題を理解し、その後の学習に取り組むことができるように、先生が発問をし、子どもたちが答えながら課題への理解を深める活動が行われていました。その活動の間、もう1人のHomeroom Teacherと2人のAssistant Teacherは、子どもたちが理解できているかを観察したり、難しそうにしている子どもの横に座って、支援したりしていました。

そして、すべての子どもたちが学習の課題を把握したことを確認すると、次は、グループや個人に分かれ、課題解決の活動に入っていきました。課題解決の活動では、課題が提示された教室に残って学ぶ子どもや、隣の教室に行って学習しやすいと感じる机や椅子を選んで学ぶ子ども、廊下の丸テーブルで学ぶ子ども、先生に声をかけ、個別に学ぶことができる部屋に行って学ぶ子ども、といったようにそれぞれ主体的にそのときの感覚や感情に合う場所を選択し、学習をスタートさせていました。

このように、自らの状況・状態に合わせて適切な環境を選択している姿から、子どもたちが主体的に自己調整をして学んでいるのだと感じました。

③ Adelaide Aldinga Payinthi Collegeと自己調整

この学校では、常に1つの授業を90分で実施しています。90分と聞くと、「なんと長い

図３　自己調整の方法を子どもたちに教えている様子

授業なんだ」「そんなに長い時間、子どもたちが集中できるのか？」という疑問が出てくるのではないでしょうか。

しかし、これは日本的な発想で、この学校では、90分の間に、子どもたちが自分で調整しながら、柔軟に学ぶことを教え、それを子どもたちが実行しながら学んでいました。

図３は、３、４年生のクラスで子どもたちに自己調整をする方法を先生が教えている様子です。これは、算数の学習の導入で、先生が、時計の読み方についての問題を子どもたちに出し、その問題に取り組んだ後の１コマでした。先生が子どもたちに「疲れましたた

か？　とても集中していました。すばらしいです」「学習に集中し、疲れたときは、こんなふうに伸びをするといいですよ。やってみましょう」「どうですか？　スッキリしませんか」「学習の途中に『疲れたな』と思ったときは、少し歩いてみるのもいいでしょう。体が軽くなり、また集中することができますよ」と自己調整の方法を指導されていました。

この指導を見て、**自己調整の仕方を先生が子どもたちにしっかりと教えているからこそ、子どもたちは90分間もの長い時間、主体性を発揮しながら学習に向かうことができるのだ**と感じました。このような自己調整をする方法を教える指導について先生方に聞くと、子どもたちに教えている自己調整の方法についていくつか教えてくださいました。

1　学習中に眠気を感じたら、伸びをする。少し歩くのも効果的である。
2　腹が立ったり、気持ちが落ち着かなかったりするときは、イヤーマフをつけたり、廊下の机や個別の部屋に入ったりして、クールダウンしながら学習する。
3　お腹が空いたときは、適切な量の食べ物を食べ、補給する。お腹が空いたまま学ぶことは非効率的。

これらの方法を教えることで、子どもたちがどのようにしたら効率よく学習することができるのかを、自ら考えられるようになるのではないかと感じました。また、このような自己調整スキルは、学習のときだけでなく、今後、子どもたちが成長し、大人になり、仕事をしたり自立して生活したりする際に、大変重要なスキルであると感じました。

④自己調整スキルを育成する取組

この学校では、このような自己調整スキルを高める取組を学校教育の核に据え、子どもたちの自己調整を図4のように育んでいます。図4では、核となる自己調整スキルを子どもたちに育成していくため、**SENSORY PROCESSING（感覚的処理）**、**EMOTIONAL REGULATION（感情調整）**、**EXECUTIVE FUNCTIONING（実行機能）**の3つの要素が示されています。

SENSORY PROCESSING（感覚的処理）とは、環境からの情報（刺激）をどのように受け止めるかという側面です。これは、子どもたちが、学習をする際に周囲の音が騒がしいと感じたり、まわりに人がいることに対してイライラしたりして学習に集中できないと

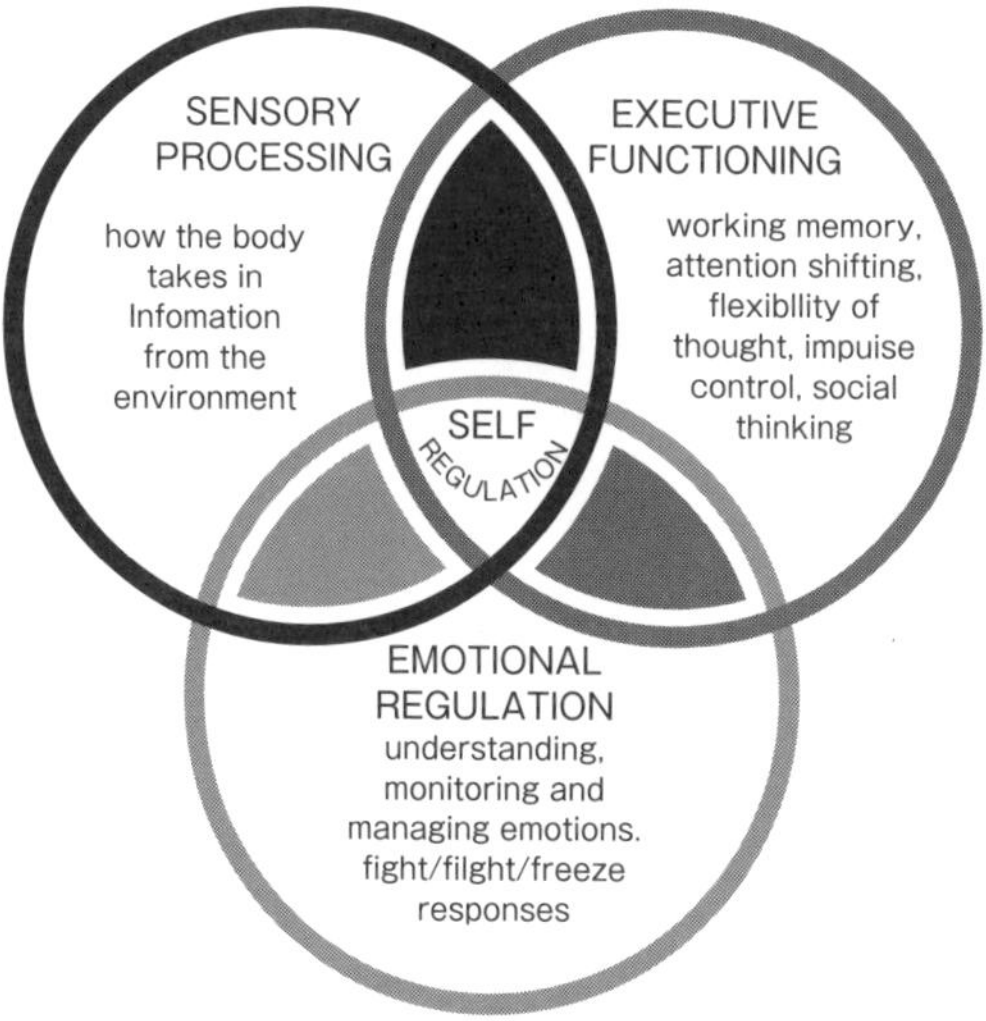

図４　児童が自己調整するための要素

判断した際に、外からの刺激を和らげる道具を提供したり、個別に学ぶことができる部屋に移るように促したりするサポートです。そのためにこの学校ではイヤーマフなどの道具が教室に常設されていたり、子どもたちが小グループや個別に学ぶことができる部屋（Interoception Room）が学年ごとに設置されたりしています。

EMOTIONAL REGULATION（感情調整）とは、自らの感情を理解したり、モニタリング（観察）したり、マネジメント（管理）したりする側面です。この側面では、腹が立ったり、学習が嫌になって取り組むことをやめたり、理解ができず何もできなくなってしまったときに、どのように調整すればよいのかという方法を提案します。例えば、「苛立っているときには、ゆっくりと5回深呼吸をする」などの方法を子どもたちに提案するということです。そして、そのような自己調整を子どもたちが自分で行っていくことができるよう、自己調整するためのプロセスとして、「体からの信号に気づく」「信号の意味を考える」「適切な対応（深呼吸など）を選ぶ」というルーティンを教えています。

EXECUTIVE FUNCTIONING（実行機能）とは、情報を一時的に記憶し、それらを処理して活用したり、物事を柔軟に考えたり、衝動を調整したり、他者と自分のことを考えて活動したりする側面です。この側面では、主に、学習を進めていく際にどのように調整をすればよいかについてサポートします。学習においての自己調整は、子どもたちが自らの学習を振り返り、メタ認知する活動を取り入れたり、学習に前向きに取り組んだりしていくことができるよう、自分自身に肯定的な言葉かけをするように教えています。このことについては、これ以降の章で、自己調整学習の取り組み方として解説していきます。

このように、この学校では、これらの3つの側面から、**子どもたちが主体性を発揮して**

学ぶために、環境を整えたり、方略を教えたりして、日々の授業の中で子どもたちの自己調整スキルを高めているのです。

現在の日本では、主にEXECUTIVE FUNCTIONING（実行機能）の側面が「学びに向かう力・人間性等」で示され、子どもたちが自ら学習を調整しているかに焦点が絞られているように感じます。ただ、学習を調整するとともに示されている「粘り強く取り組む態度」に関しては、Aldinga Payinthi College が大切にしているSENSORY PROCESSING（感覚的処理）やEMOTIONAL REGULATION（感情調整）といった側面の指導が非常に重要になってくると考えます。

本書では、今後、自己調整学習に焦点を絞って話を進めていきますが、**子どもたちが学習を調整することに至るには、感覚や感情の側面に関する指導や支援が重要である**ということを前提としたうえで、本書を読み進めていただけたら幸いです。

3　日本における自己調整の位置づけ

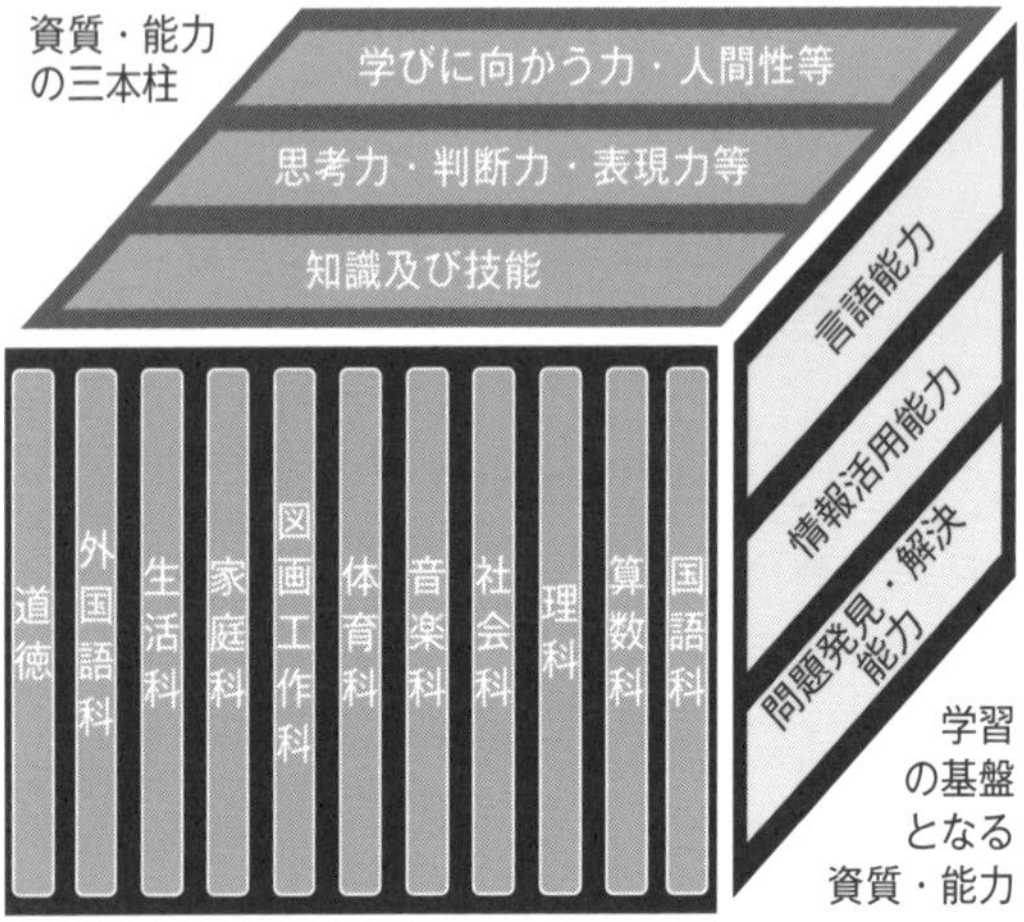

©Kimura Akinori

図５　各教科・領域と資質・能力の三本柱，
学習の基盤となる資質・能力の関係

２０１７、２０１８年の学習指導要領（文部科学省）の告示において、「主体的・対話的で深い学び」の実現に向けた授業改善が示されました。そして、このような学びを実現させるべく、資質・能力の三本柱として「知識及び技能」「思考力・判断力・表現力等」「学びに向かう力・人間性等」に加えて、学習の基盤となる資質・能力として「言語能力」「情報活用能力」「問題発見・解決能力」が示されました。

図５は、各教科・領域と資質・能力の

三本柱、学習の基盤となる資質・能力の関係性を示した図です。

自己調整学習について考えるうえで着目すべきは「学びに向かう力・人間性等」であると考えます。このことについて図5からわかることは、すべての各教科・領域において「学びに向かう力・人間性等」を目標とし、評価していく必要があること、また「言語能力」「情報活用能力」「問題発見・解決能力」においても「学びに向かう力・人間性等」の側面があるということです。

それでは、「学びに向かう力・人間性等」とは、具体的にどのような力であり、その力をどのように評価していけばよいのでしょうか。まず、「学びに向かう力・人間性等」について文部科学省（２０２１）は、「学習指導要領の趣旨の実現に向けた個別最適な学びと協働的な学びの一体的な充実に関する参考資料」において、「児童生徒が『どのように社会や世界と関わり、よりよい人生を送るか』に関わる資質・能力」であると示しています。さらに、「主体的に学習に取り組む態度も含めた学びに向かう力や、自己の感情や行動を統制する力、よりよい生活や人間関係を自主的に形成する態度等があり、自分の思考や行動を客観的に把握し認識する、いわゆる『メタ認知』に関わる力を含むもの」であると示しています。これらのことから、「学びに向かう力・人間性等」とは、子どもたちが主体性を発揮して学びを進める力、Adelaide Aldinga Payinthi Collegeが育成している自己の感情や行動を統制する力、自分自身について振り返り、次の学習に生かす力であると考えられます。そして、これらの力を育成していくために「学習の目標や教材について理解し、計画を立て、見通しをもって学習し、その過程や達成状況を評価して次につなげるなど、学習の進め方を自ら調整していくことができるよう、発達の段階に配慮しながら指導することが大切です。また、中学校以降において、多様な学習の進め方を実践できる環境を整えることも重要です」と示されています。このことから、**「学びに向かう力・人間性等」を高めるということは、子どもたちの自己調整スキルを高め、自己調整プロセスを基に自己調整学習を行っていくことである**と考えられます。

次に、「学びに向かう力・人間性等」をどのように評価すればよいかについて、文部科学省は、「児童生徒の学習評価の在り方について（報告）」（２０１９）において「『主体的に学習に取り組む態度』として観点別評価を通じて見取ることができる部分」と「『感性や思いやりなど』を、個人内評価を通じて見取る部分がある」と示しています。ここで示されている観点別評価とは、小学校では三段階、中学校では五段階の評定で評価するものです。また、個人内評価は、児童生徒一人ひとりのよい点や可能性、進歩の状況を文章等

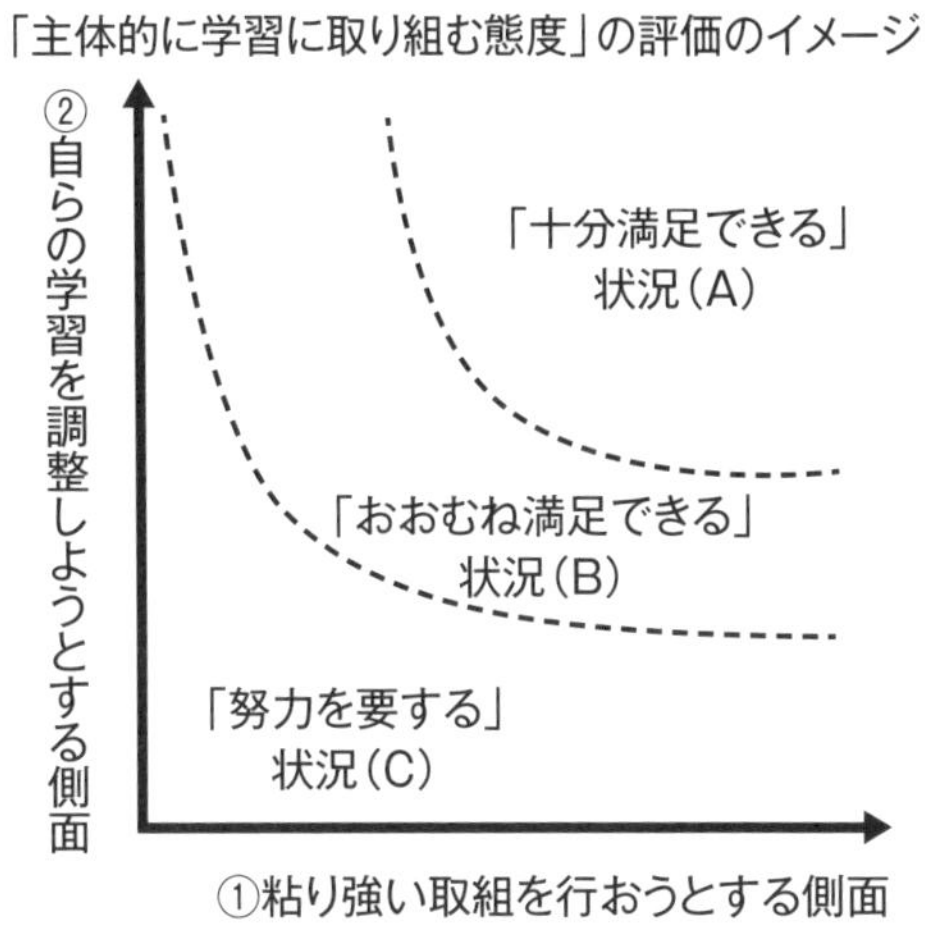
「主体的に学習に取り組む態度」の評価のイメージ
②自らの学習を調整しようとする側面
「十分満足できる」
状況(A)
「おおむね満足できる」
状況(B)
「努力を要する」
状況(C)
①粘り強い取組を行おうとする側面

図６　主体的に学習に取り組む態度の評価
(文部科学省2019)

に記述して評価するものです。

　では、「主体的に学習を進める態度」については、どのように評価していけばよいのでしょうか。文部科学省では、これらの評価の在り方について図６のようなイメージを示しています。この図は、「主体的に学習に取り組む態度」について、知識及び技能を獲得したり、思考力、判断力、表現力等を身につけたりすることに向けた「**粘り強い取組を行おうとする側面**」と粘り強い取組を行う中で、「**自らの学習を調整しようとする側面**」で評価される必要があることを示しています。

「粘り強い取組を行おうとする側面」とは、どのような姿でしょうか。例えば、算数科でかけ算を習得する際に、九九を何度も繰り返して言い、教員や友だちに聞いてもらいながら、間違えずにスラスラと言うことができるよう取り組んでいる姿が考えられます。また、図画工作科において、自らが描きたいと思ったイメージに近づけるために、構図や色のつけ方を工夫し、何度も修正しながら取り組む姿も、粘り強く学習に取り組んでいる姿であると言えます。このような姿は、授業や日々の日常生活の中でよく出会う子どもたちの素敵な姿ではないでしょうか。

では、「自らの学習を調整しようとする側面」とは、どのような姿でしょうか。この、自らの学習を調整しようとする側面が、自己調整学習の考え方と大きく関係する部分であると考えます。

このように日本においては、資質・能力の三本柱の1つである「学びに向かう力・人間性等」において、子どもたちが「主体的に学習に取り組む態度」と自己調整学習が密接に関わっていることがわかりました。

では、子どもたちが学習を調整するとはどのようなことなのでしょうか。また、どのような授業を行うことで子どもたちは自らの学習を調整することができるようになるのでしょうか。

表1　自己調整学習のフェーズ、プロセス、スキルと学習活動の整理

フェーズ	見通す		実行する		振り返る		
プロセス	目標を設定する	計画を立案する	確認する	調節する	評価する	帰属する	適用する
スキル	目標設定	計画立案	確認	調節	評価	帰属	適用
学習活動	課題を基に目標を設定する活動	学習の計画を立案する活動	学習を確認する活動	学習を調節する活動	自らの学習を評価する活動	評価結果の原因を帰属する活動	帰属したことを次につなげる活動
活動内容	・解決したい課題や達成したい目標が何かを考える ・設定する課題・目標を解決・達成することができるのかを考える	・決められた時間内に課題を解決したり，目標を達成したりすることができるかを考える ・どのように学習を進めるかを考える	・実行している学習活動が，課題の解決や目標の達成に向けて進んでいるかを考える ・方法や方略が適切かを考える ・時間配分は適切かを考える	・課題や目標を再検討し，変更する ・方法や方略を修正する ・時間配分を調節する	・何がうまくいったのか，何がうまくいかなかったのかについて考える	・なぜうまくいったのか，なぜうまくいかなかったのかについて考える ・学習を通して自分の何が変わったのかを考える	・評価結果を基に帰属したことが今後，どのような学習で生かせるのかについて考える

4　本書における自己調整学習の捉え

SCHUNK and ZIMMERMAN（1998）は、学習者が見通しを立て、学習したことを振り返り、調整しながら学ぶ学習を自己調整学習とし、その学習過程を「Forethought」「Performance/volitional control」「Self-reflection」の3つのフェーズで記しています。さらに、これらのフェーズを「Cyclical self-regulatory phases」と名づけ、3つのフェーズが循環することが重要であると記しています。本書ではこれらのフェーズを日本の授業で親しみのある**「見通す」「実行する」「振り返る」**に置き換えて示すことにします。

また、SCHUNK and ZIMMERMAN は、これらのフェーズの要素をサブプロセスと名づけ、次のように記しています。

まず「Forethought（見通す）」のフェーズのサブプロセス

は、「Goal setting, Strategic planning, Self-efficacy beliefs, Goal orientation, Intrinsic interest」と記されています。これらを日本の授業に合う言葉で表現すると、「目標を設定する活動」「方法・方略の計画を立案する活動」「自らが目標を達成することができるかを考える活動」「目標の達成に向けてどのように学習を進めるかを考える活動」「解決・達成したいことが何かを考える活動」であると考えます。ただ、これをそのままの順序で日本の授業に転用すると、「見通す」フェーズにおいて非常に多くの学習活動に取り組むことになり、うまく合致しません。そこで、本書では、これらのプロセスを**「目標を設定する」**と**「計画を立案する」**の2つのプロセスに整理することにします。まず、「目標を設定する」プロセスにおいては、目標を設定する活動の中で、解決したいことや達成したいことが何かを考え、それらを解決・達成することができるのかを考えます。そして、「計画を立案する」プロセスにおいては、学習の計画を立案する活動の中で、決められた時間の中で課題を解決したり、目標を達成したりすることができるかを考えたり、課題の解決や目標の達成に向けてどのように学習を進めていけばよいのかについて考えたりします。

次に「Performance/volitional control（実行する）」のフェーズは、「Attention focusing, Self-instruction/Imagery, Self-monitoring」と記されています。これらは、「自ら

の学習に着目する活動」「課題の解決や目標の達成に向けてのイメージを広げ、目標達成に向かう学習になっているかを考え、調節する活動」「学習状況を確認する活動」であると考えられます。したがって、本書では、「実行する」フェーズを**「確認する」「調節する」**プロセスに整理することにします。まず「確認する」プロセスでは、自らの学習が課題の解決や目標の達成に向けて進んでいるのか、方法・方略は適切であるのかについて確認します。そして、学習がうまく実行されていない場合は、「調節する」プロセスにおいて、課題の解決や目標の達成に向かうように、課題や目標を再検討したり、方法・方略等を修正したりして、学習を調節するのです。ここで示す、方法と方略については、情報を集める学習活動を例に出すと、「実験して情報を集める」「書籍を読んで情報を集める」「インターネットで情報を集める」という場合の実験、書籍、インターネットなどが方法にあたります。そして「動画に撮影しながら実験する」「書籍に線を引きながら大切な情報を集める」「インターネットで、〇〇に関する検索ワードに絞り情報を集める」など、それらの方法を使ってどのように活動するのかということが方略にあたります。

最後に「Self-reflection（振り返る）」のフェーズは、「Self-evaluation, Attributions, Self-reactions, Adaptivity」と記されています。これらは、「自らの学習を評価する活動」「評

価についての原因を帰属する活動」「自分自身の変化について考える活動」「次の学習にどのように生かすことができるかを考える活動」であると読み取ることができます。これらを基に、本書では、「振り返る」フェーズを**「評価する」「帰属する」「適用する」**プロセスに整理することにします。このフェーズでは、「評価する」プロセスにおいて学習課題・目標と学習結果を比較し、何がうまくいったのか、何がうまくいかなかったのかを考えます。そして、「帰属する」プロセスでそのような評価結果になった理由や原因と自らの変化を絡めて考えます。最後に「適用する」プロセスで評価結果について考えたこと（帰属したこと）が今後の学習でどのように活かせるのかを考え、次の学習につなぐのです。

5　自己調整スキルを高める学習方法の提案

本書では、前述した自己調整学習に関する理論を基に作成した「セルフラーニングカード」（図7）に基づいて、自己調整学習の1つのモデルを提案します。

序章の後に続く本書の第1～3章は、このセルフラーニングカードに基づいて構成されています。以下は、このセルフラーニングカードと照らし合わせてお読みいただき、本書の全体構成をご理解いただければ幸いです。

①フェーズ（セルフラーニングカード左端の縦軸）

本書の第1～3章は、「第1章／見通す」「第2章／実行する」「第3章／振り返る」と3つの「フェーズ」に対応した構成になっています。各章の冒頭（背景がグレーのページ）では、それぞれのフェーズの概要について解説しています。

この部分を読むことにより、自己調整学習の概略を理解することができます。自己調整学習の全体像をつかみたいと思われる方は、まず章の冒頭をお読みください。

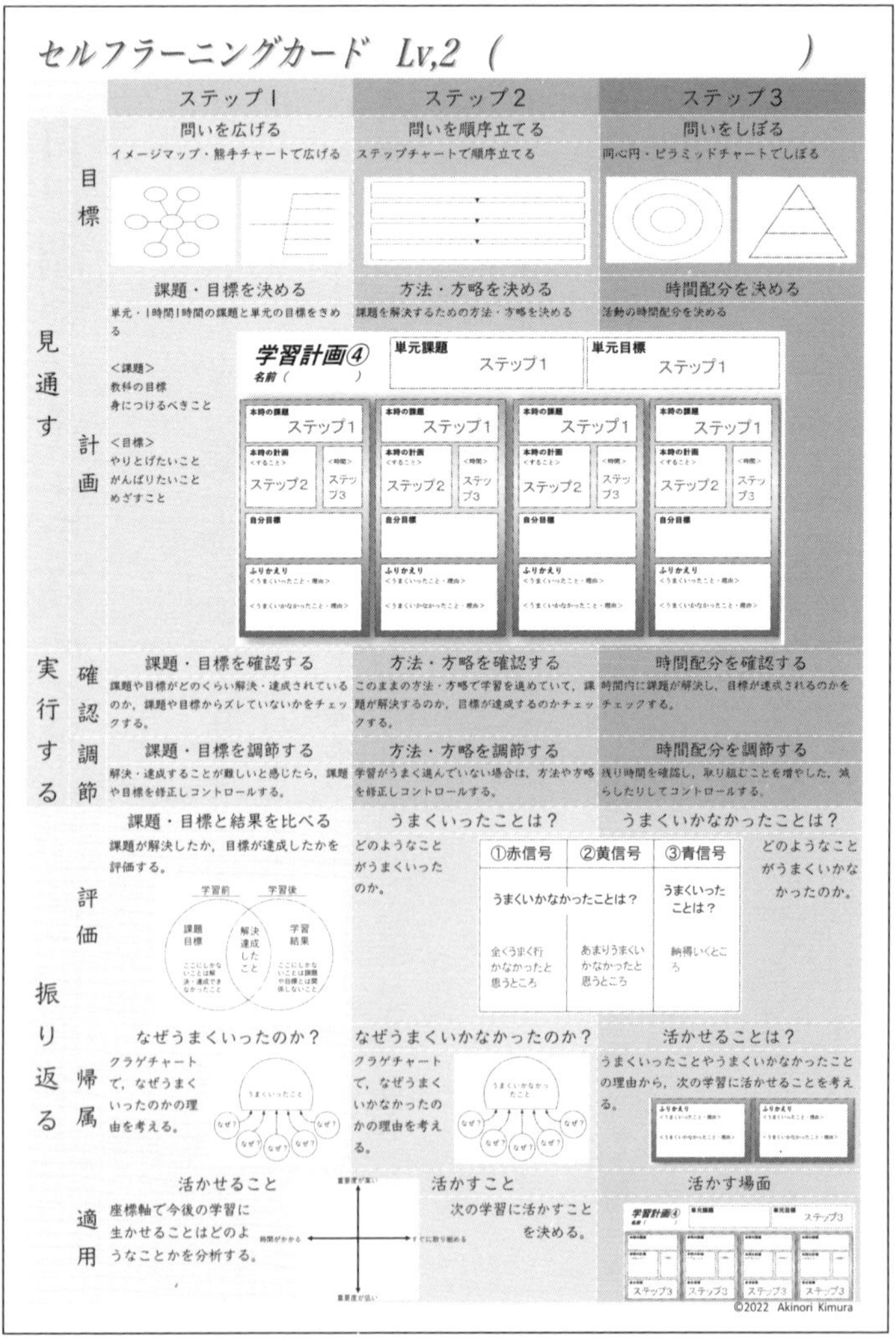

図7　自己調整学習を実現するためのセルフラーニングカード

②プロセス（セルフラーニングカード左から2番目の縦軸）

続いて、「プロセス」ごとの概要について解説しています。

各フェーズは、それぞれ以下のようなプロセスで構成されています。

「見通す」フェーズ

1　目標を設定するプロセス　　2　計画を立案するプロセス

「実行する」フェーズ

1　課題・目標を確認／調節するプロセス

2　方法・方略を確認／調節するプロセス

3　時間配分を確認／調節するプロセス

「振り返る」フェーズ

1　評価するプロセス　　2　帰属するプロセス

3　適用するプロセス

この部分を読むことで、自己調整学習の流れとそれぞれのプロセスで発揮する自己調整スキルの関係を理解することができます。これから自己調整学習の実践を進めていきたいと考えておられる方は、各プロセスの概要を選択して読み進めて行くと、自己調整学習の流れを理解しやすいと思います。

③ステップ（セルフラーニングカード上端の横軸）

最後に、それぞれのプロセスを3つの「ステップ」（「見通す」フェーズの「目標を設定する」プロセスなら、「1　問いを広げる」「2　問いを順序立てる」「3　問いをしぼる」）に分割し、自己調整学習の具体的な取り組み方を提案しています。

自己調整学習を取り入れた授業を設計したり、子どもたちを自己調整学習者に育てるための指導・支援について考える際に参考にしていただける内容になっています。

第1章

「見通す」フェーズ

課題を基に問いを見いだし、
学習目標を明らかにする

本書では、自己調整学習の「Forethought」を「見通す」フェーズと呼ぶことにします。このフェーズは**「目標を設定する」**プロセスと**「計画を立案する」**プロセスで構成されており、これらのプロセスにおいて**「目標設定」**スキル、**「計画立案」**スキルの2つの自己調整スキルを発揮して学びます。

「目標を設定する」プロセスでは、課題を基に目標を設定する活動に取り組みます。その活動の中で解決したい課題や達成したい目標が何かを考えたり、設定する課題・目標をその後の学習で解決・達成することができるのかについて考えたりします。

次に、「計画を立案する」プロセスでは、学習計画を立案する活動に取り組みます。ここでは、決められた時間内に課題を解決したり、目標を達成したりすることができるかを考えたり、どのように学習を進めていけばよいのかについて考えたりします。

表1　見通すフェーズ

フェーズ	見通す	
プロセス	目標を設定する	計画を立案する
スキル	目標設定	計画立案
学習活動	課題を基に目標を設定する活動	学習の計画を立案する活動
活動内容	・解決したい課題や達成したい目標が何かを考える ・設定する課題・目標を解決・達成することができるのかを考える	・決められた時間内に課題を解決したり，目標を達成したりすることができるかを考える ・どのように学習を進めるかを考える

このフェーズを単元で捉えると、単元導入時の1時間目か1、2時間目に、「目標を設定する」プロセスと「計画を立案する」プロセスを実施することになります。また、1時間の授業で捉えると、授業導入時の5～10分の間に、本時の課題や目標を設定し、その時間の計画を立案して見通しを明らかにすることになります。

自己調整学習は図1のように、単元においても1時間の授業においても意識すべき学習の在り方です。ただ、学習指導要領では「単元や題材など内容や時間のまとまりを見通しながら、児童（生徒）の主体的・対話的で深い学びの実現に向けた授業改善を行うこと」と、単元を貫いた授業づくりの重要性が示されていることから、本書では、単元や題材においての自己調整学習の在り方を示した後に、1時間の授業における自己調整学習の在り方について述べていくことにします。

単元を貫いた自己調整学習

見通すフェーズ		実行するフェーズ			振り返るフェーズ		
目標設定	計画立案	確認／調節	確認／調節	確認／調節	評価	帰属	適用

1時間の授業での自己調整学習

見通す	見通す	見通す	見通す	見通す	見通す	見通す	見通す
目標設定 計画立案	目標設定 計画立案	目標設定 計画立案	目標設定 計画立案	目標設定 計画立案	目標設定 計画立案	目標設定 計画立案	目標設定 計画立案
実行する	実行する	実行する	実行する	実行する	実行する	実行する	実行する
確認／調節	確認／調節	確認／調節	確認／調節	確認／調節	確認／調節	確認／調節	確認／調節
振り返る	振り返る	振り返る	振り返る	振り返る	振り返る	振り返る	振り返る
評価 帰属 適用	評価 帰属 適用	評価 帰属 適用	評価 帰属 適用	評価 帰属 適用	評価 帰属 適用	評価 帰属 適用	評価 帰属 適用

図1　自己調整学習の単元と本時の捉え

1　目標を設定するプロセス

「目標を設定する」プロセスは、学習の課題を基に、これから取り組む単元や1時間の授業で「どのようなことを目指したいのか」「がんばりたいのか」を明らかにするプロセスです。ここでは「課題」を、学習者が必ず解決しなければならない事柄とします。したがって、学校教育における課題とは、教科や領域の目標であり、ほとんどが他者から提示されるものとなります。次に「目標」を、学習者が達成したいと思う事柄とします。したがって、課題を基に学習者が疑問に思ったことや追究していきたいと思ったこと（問い）、挑戦したいと思ったことが目標となります。

このように「課題」と「目標」を整理することで、必ず解決しなければならない事柄を学習者主体で解決・達成していくという土台が形成されるのです。すなわち、このプロセスで発揮する「目標設定」スキルとは、教科・領域の課題を基に、「学習者が導き出した問い」「その問いを解決するために取り組んでいきたいこと」「がんばっていきたいこと」を明らかにするスキルなのです。

①ステップ1：問いを広げる

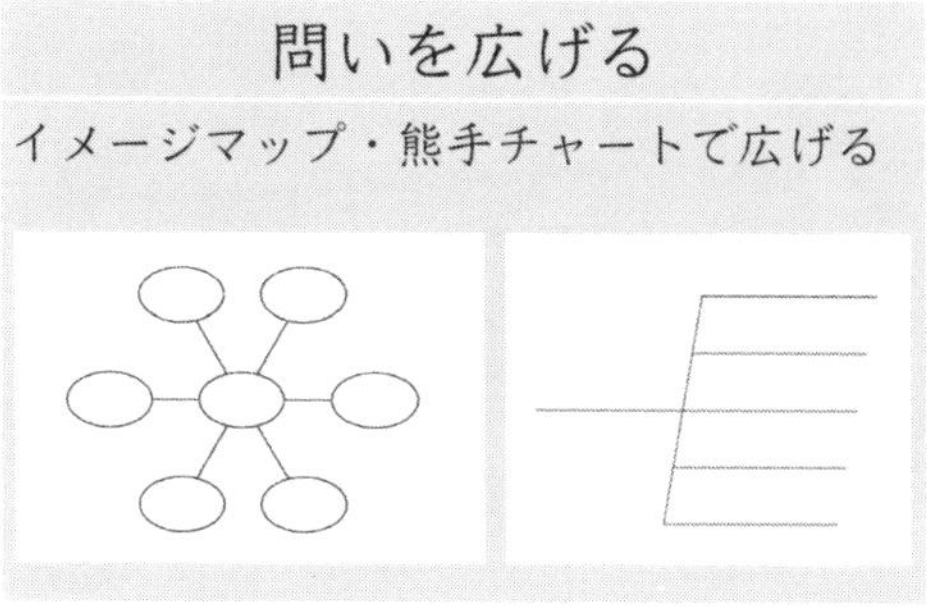

図2　問いを広げるステップ

「目標を設定する」プロセスのファーストステップは「問いを広げる」ステップです。このステップでは、解決したい課題や達成したい目標（問い）が何かを考えます。図2が問いを広げる学習活動において活用できるシンキングツールを例示したものです。シンキングツールのイメージマップ、熊手チャートはどちらも考えを広げる際に活用します。例えば、イメージマップで問いを広げる場合、イメージマップの真ん中に課題を書き、その課題から思いつく言葉や疑問に思うことをまわりに書き込んでいきます。また、熊手チャートで問いを広げる場合は、熊手チャートの左側の1本の線の上に課題を書き、右側の5本の線の上に、思いつく疑問を書き込んでいくことで、課題から考えを広げ、問いを導き出すことができます。

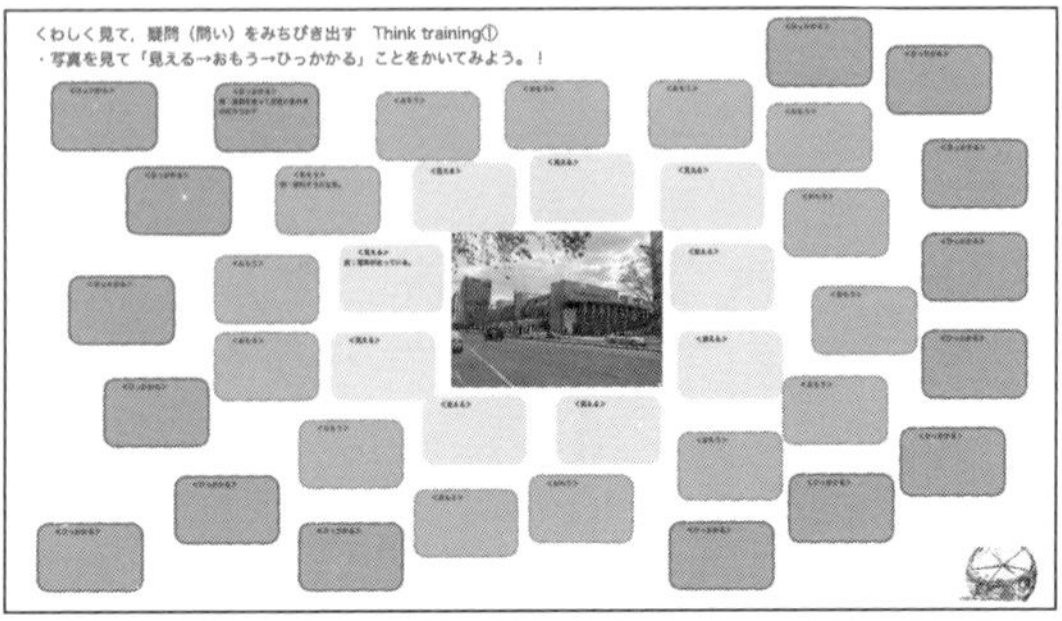

図3　See Think Wonder

ただ、シンキングツールを活用しても、考えを広げることに慣れていなければ、うまく問いを導き出すことができません。その際は、思考ルーチン「See Think Wonder（見える、思う、ひっかかる）」（黒上、２０１６）に取り組み、考えを広げながら、問いを導き出す力を鍛えることが効果的です。図３が思考ルーチンの「See Think Wonder（見える、思う、ひっかかる）」とイメージマップを融合させたThink Training（思考スキルを高める）教材※です。この教材では、イメージマップで考えを広げる際に、中心にある課題から、まず、「見えたこと・わかったこと・気づいたこと」をまわりに書きこんでいきます。そして、次にそこから「思ったこと」「ひっかかったこと」の順に記述し、考えを広げます。最後に、この手順で記述した「ひっかかったこと」から、追究していきたいものを選択し「問い」とするのです。

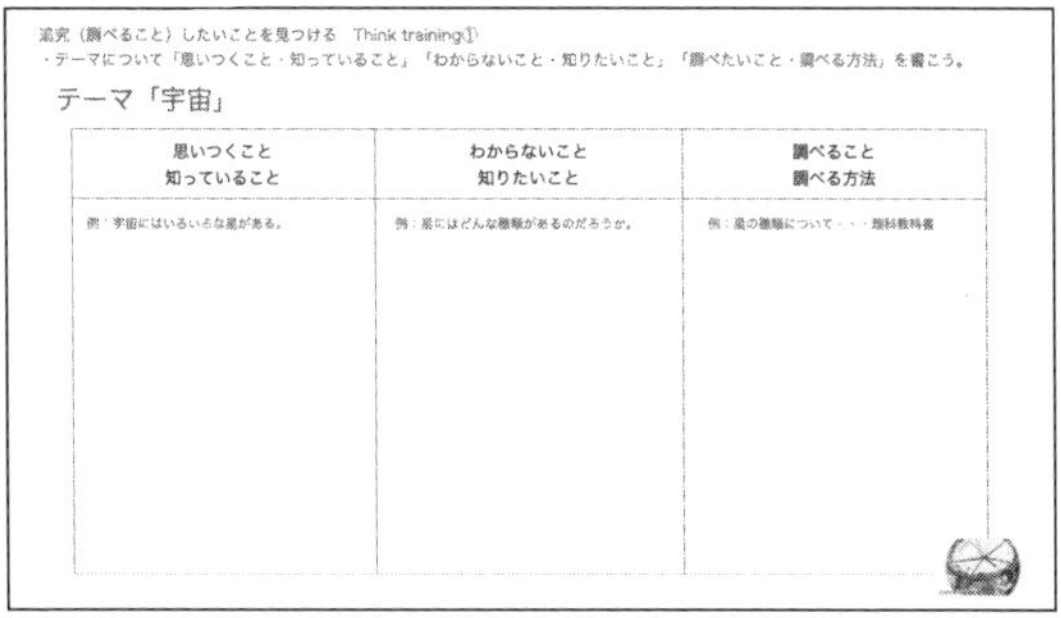

追究（調べること）したいことを見つける　Think training①
・テーマについて「思いつくこと・知っていること」「わからないこと・知りたいこと」「調べたいこと・調べる方法」を書こう。

テーマ「宇宙」

思いつくこと 知っていること	わからないこと 知りたいこと	調べること 調べる方法
例：宇宙にはいろいろな星がある。	例：星にはどんな種類があるのだろうか。	例：星の種類について・・・理科教科書

図4　Think Puzzle Explore

また、追究したいことを見つけることができる「Think Puzzle Explore」（図4）も問いを導き出す際に効果的なThink Trainingです。このTrainingでは、まず課題から、「思いつくこと、知っていること」を左側の枠に書きます。次に「わからないこと、知りたいことを」を中央の枠に書きます。この枠に書かれることが「問い」になります。最後に中央に書かれた問いを基に右側の枠に「調べること、調べる方法」を書いて、学習の見通しを明確にするのです。

　このように、問いを広げるステップでは、イメージマップや熊手チャート、See Think Wonderなどをうまく利用することで、子どもたちの「目標設定」スキルの一端を高めることができます。これらの活動は、学習者が1人で取り組む場合に限らず、グループや学級全体で意見を出し合いながら問いを広げていく際にも有効です。昨今は、学級に1人1台のタブレットPCが導入され、それらを活用することで、子どもたちがクラウド上で考えを交流することができます。このような仕組みを使い、クラウド上のイメージマップに数人で考えを記述し、問いを導き出す活動を行うことで、「目標設定」スキルを高めることができると考えます。

※ https://www.ak-learning.info/think-training　Think Training の教材はこちらから

②ステップ2：問いを順序立てる

「目標を設定する」プロセスのセカンドステップは「問いを順序立てる」ステップです。問いを「順序立てる」ステップでは、「問いを広げる」ステップで広げた問いの中から、解決したい問い、追究したいと思う問いを選択し、それらの優先順位をステップチャートで、順序立てます。

図5に示しているステップチャートでは、4つの問いを選択し、並べるようになっていますが、子どもたちの様子や、その後の授業展開に合わせ、選択する問いの数を増やしたり減らしたりして順序立てる活動を実施すればよいと考えます。このように問いの優先順位を考える活動を行うことで、追究していきたい問いが何かを考えたり、その後の学習で

解決・達成することができる問いなのかということを考えたりすることができます。

「問いを順序立てる」プロセスの支援として、「問いを広げる」ステップで示した「See

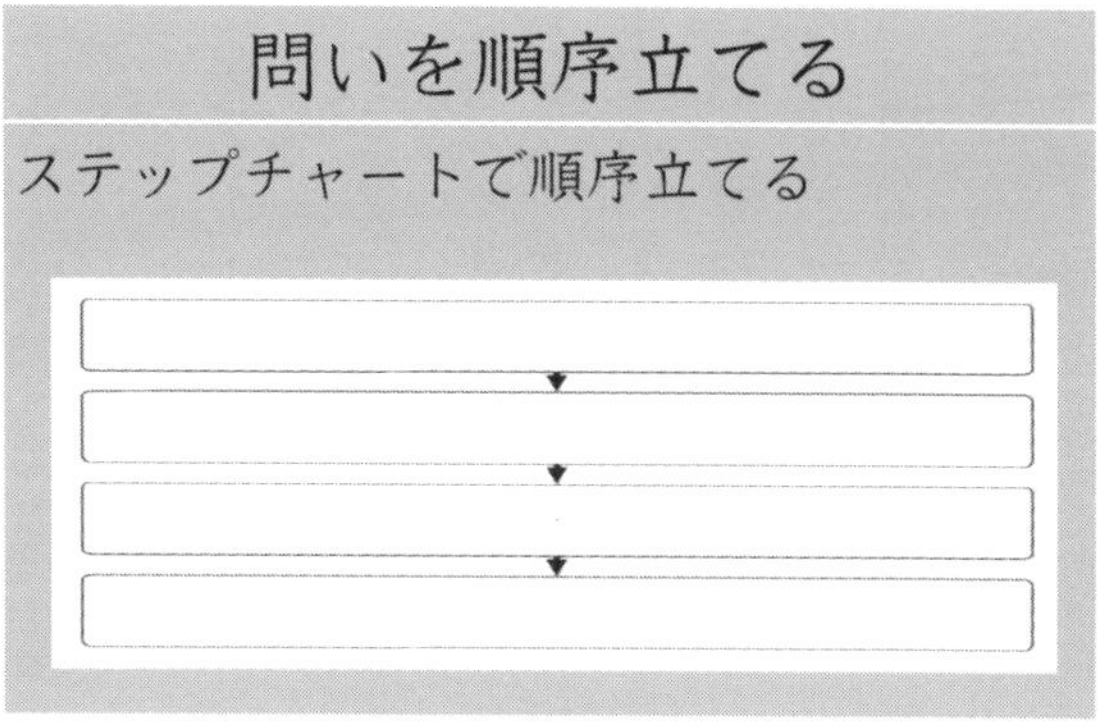
問いを順序立てる
ステップチャートで順序立てる

図5　問いを順序立てるステップ

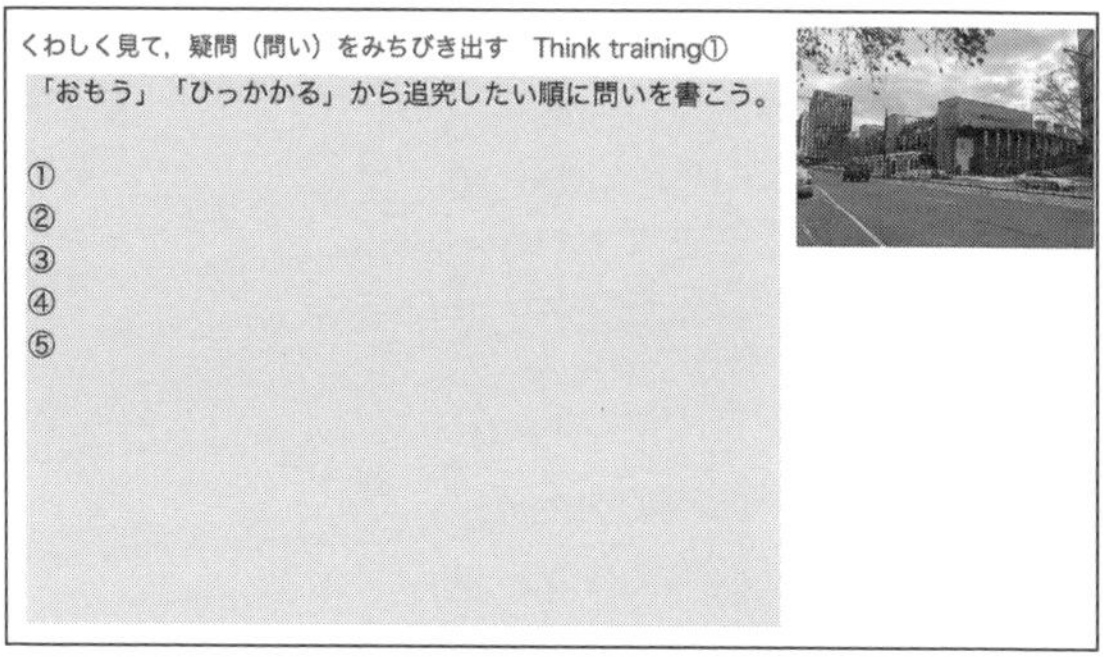
くわしく見て，疑問（問い）をみちびき出す　Think training①
「おもう」「ひっかかる」から追究したい順に問いを書こう。
①
②
③
④
⑤

図6　「See Think Wonder」で問いを広げた後に問いを順序立てるシート例

Think Wonder」「Think Puzzle Explore」のThink Training教材では、図6のように、番号をつけて優先順位を明らかにしており、このような方略が、解決したい問いや、追究したい問いを明らかにするうえで有効な方略であると考えます。

③ステップ3：問いをしぼる

「問いをしぼる」ステップは、順序立てた問いをまとめ、単元を通して達成すべき大きな目標を明らかにするステップになります。したがって、ここでは、「順序立てる」ステップにおいて、優先順位が高かった情報を比較したり総合したりして、1つの大きな目標を創り出すのです。このように大きな目標を明らかにしておくことで、「実行する」フェーズで学習を進めていく際に、設定した目標に立ち返りやすくなり、活動が目標からずれることを防ぐことができます。

また、「問いをしぼる」ステップは、学級全体で問いを共有するうえで重要なステップになります。なぜなら、子どもたち一人ひとりが考えた問いを共有した後に、学級で1つの問いに集約することで、その問いを学級全体の目標として学習を進めることができるよ

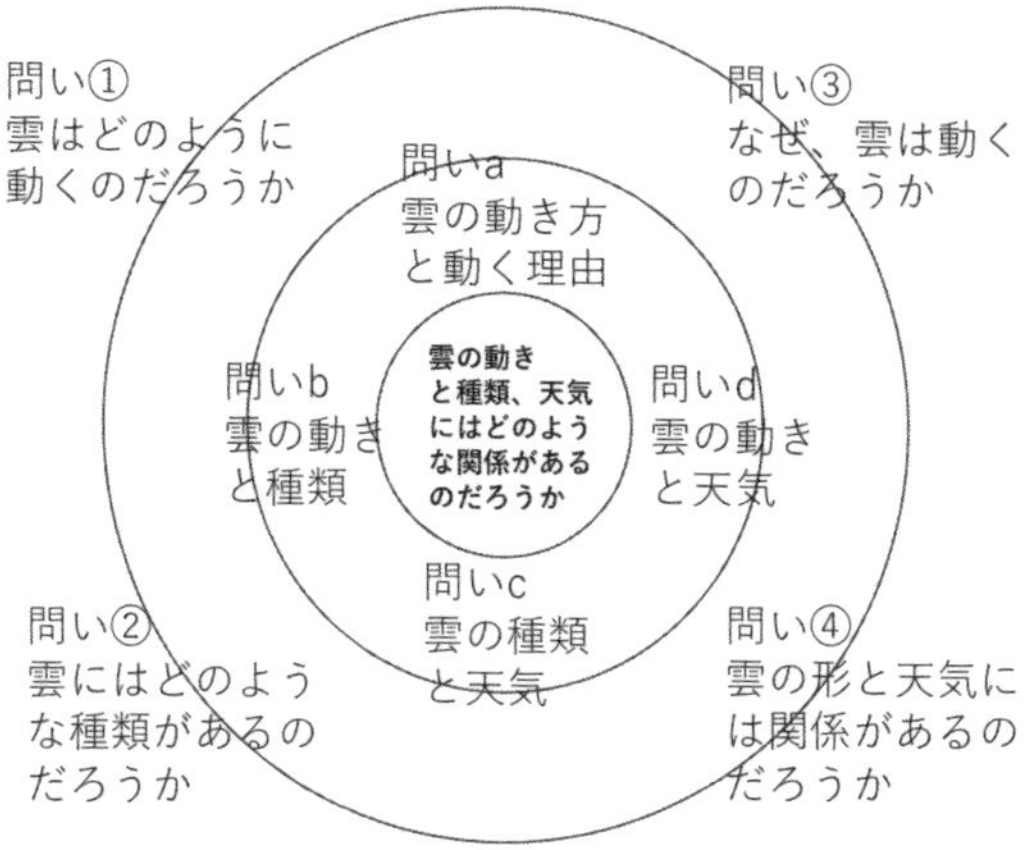

図7　同心円チャートで問いをしぼる例

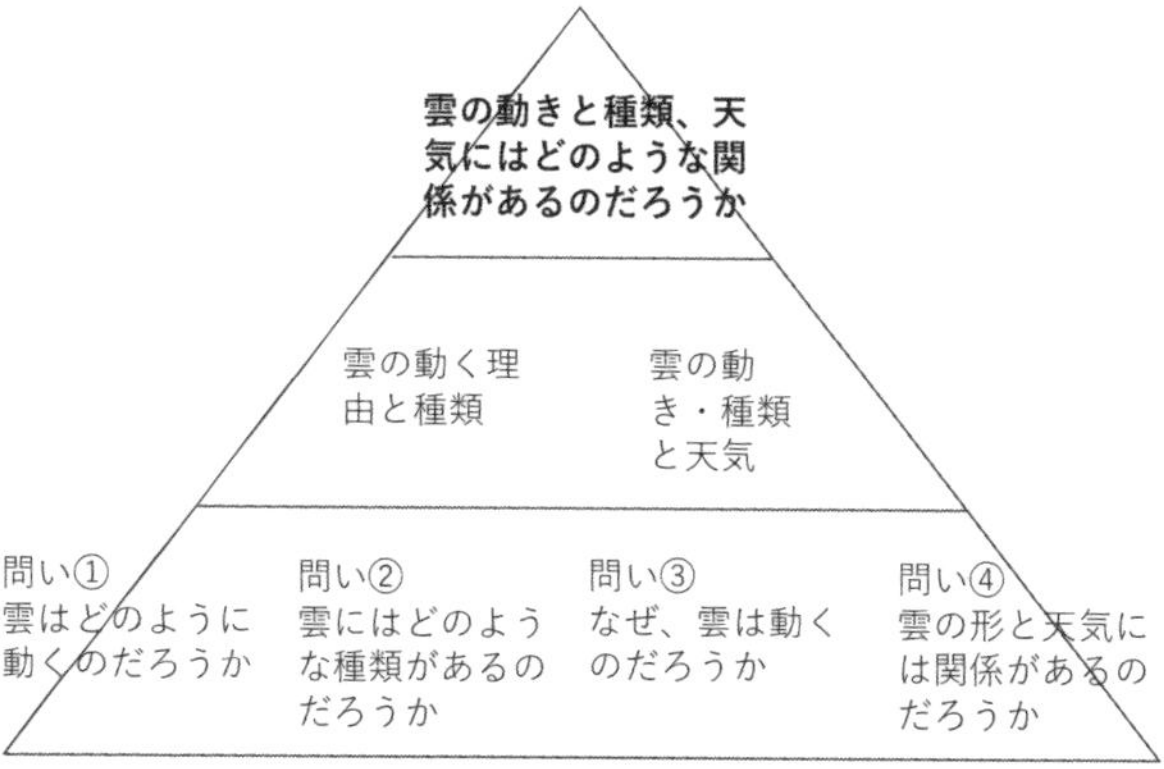

図8　ピラミッドチャートで問いをしぼる例

うになるからです。他にも、グループで問いを共有し、焦点化すれば、1つの目標に向けて協働的に課題解決に取り組むことができるためグループでの活動が活性化します。

図7、8は、理科「天気の変化」の単元でシンキングツールの同心円チャートと、ピラミッドチャートを活用して問いをしぼった活動の例です。

同心円チャートで問いをしぼる際は、まず、チャートの一番外側の円に優先順位が高かった問いを記述します。次に、「問い①」と「問い②」を比較し、共通する情報や単元の学習を進めるうえで欠かせないと考えられる情報をその内側に書きます。これと同じ手順で、「問い②」と「問い③」、「問い③」と「問い④」、「問い④」と「問い①」を比較し、問いをしぼっていきます。最後に、「問いa」「問いb」「問いc」「問いd」を比較して焦点化した結果をチャートの中心に記述するのです。

ピラミッドチャートで問いをしぼる際は、まず、チャートの一番下に優先順位の高かった問いを記述します。次に、それらの問いを比較し、共通する情報や単元の学習を進めるうえで欠かせない情報をチャートの2段目に書き込みます。最後に2段目に書き込んだ情報を総合し、図の一番上に書き込むことで、問いが1つにしぼり込まれます。

これらの方略を実施する際は、問いを付箋紙に記述し、動かしながらしぼっていくことが効果的です。また、タブレットＰＣの学習支援ソフトにも、カードに情報を記述し、そのカードを動かしたり、つなげたりすることができるものがあります。これらをうまく活用することで、広げ、順序立てた問いを効率よくしぼり、次の「計画を立案する」プロセスにつなげることができるのです。

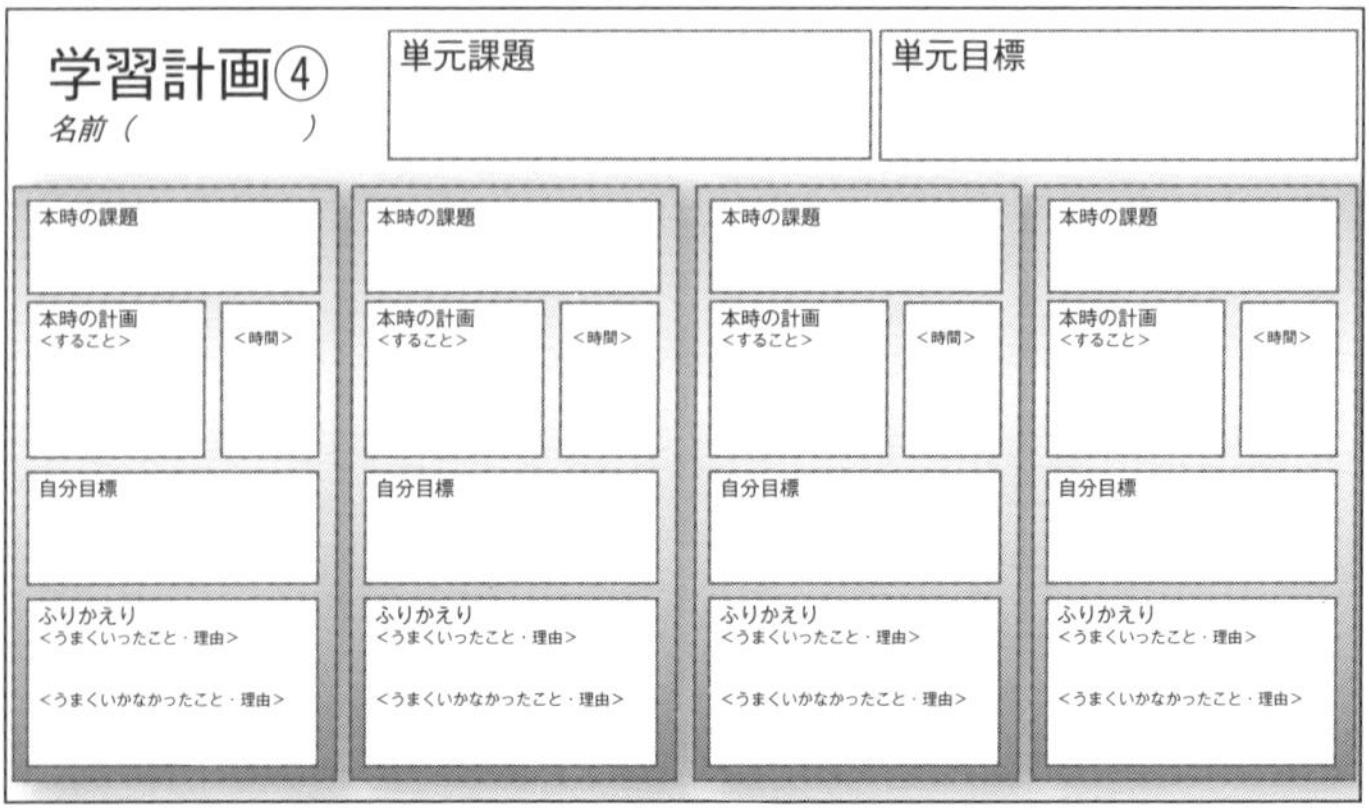

図９　学習計画表の例

2　計画を立案するプロセス

「計画を立案する」プロセスでは、決められた時間の中で、課題を解決したり、目標を達成したりすることができるのかについて考えます。そして、どのように学習を進めるかについての計画を立てます。学習の計画を立て、子どもたちが見通しをもてるようにするためには、様々な方法が考えられます。例えば、図９のような学習計画表を作成して、子どもたちが学習の計画を立案する方法が考えられます。この表には、「計画を立案する」プロセスの３つのステップである「課題・目標を決める」「方法・方略を決める」「時間配分を決める」の要素が含まれています。子どもたちがこの表に示されている事柄を自分で埋めていくことで、自己調整的に学ぶ準備ができるのです。しかし、子どもたちにこの表を配り、いきなりすべての事柄を自分の力で書き込むことはできないでしょう。はじめは指導者が記述したものを配り、子どもたちがこの表を確認しながら学習を進めたり、終わった学習活動にチェックを入れたりして活用し始めることが効果的です。そして、次は単元課題・目標だけを子どもたちが書く。次は、それに加え、本時の計画に学習方法・方略を書く。そして、その次は、方法・方略に合わせた時間配分を書くといったように、段階的に子どもたちが記述する部分を増やしていくことで、自らの力で計画を立案できる力である「計画立案」スキルが育成されていくのです。

子どもたちが計画を立案するための方法は学習計画表だけではありません。タブレットPCに入っているカレンダー（図10）やTo Doリスト（図11）などの調整するアプリを活用することも考えられます。カレンダーやTo doリストを活用する際も、「計画を立案する」プロセスの3つのステップである「課題・目標」「方法・方略」「時間配分」を意識して計画を立案します。これらのアプリで計画を立案すると、他者と予定を共有しやすくなるので、学級全体やグループで問題解決学習を行う際に最適です。

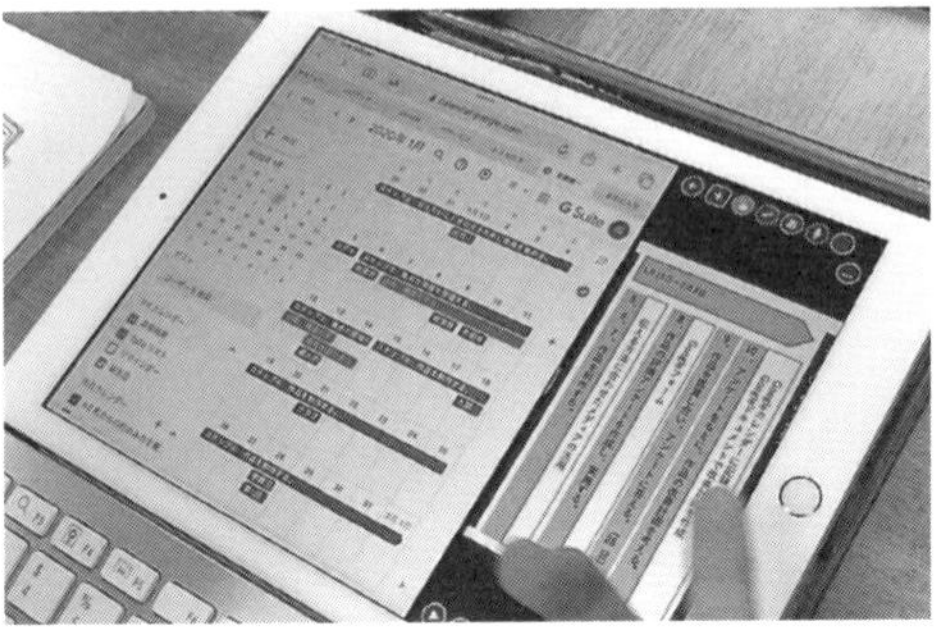

図10　カレンダーに学習計画を入力する様子

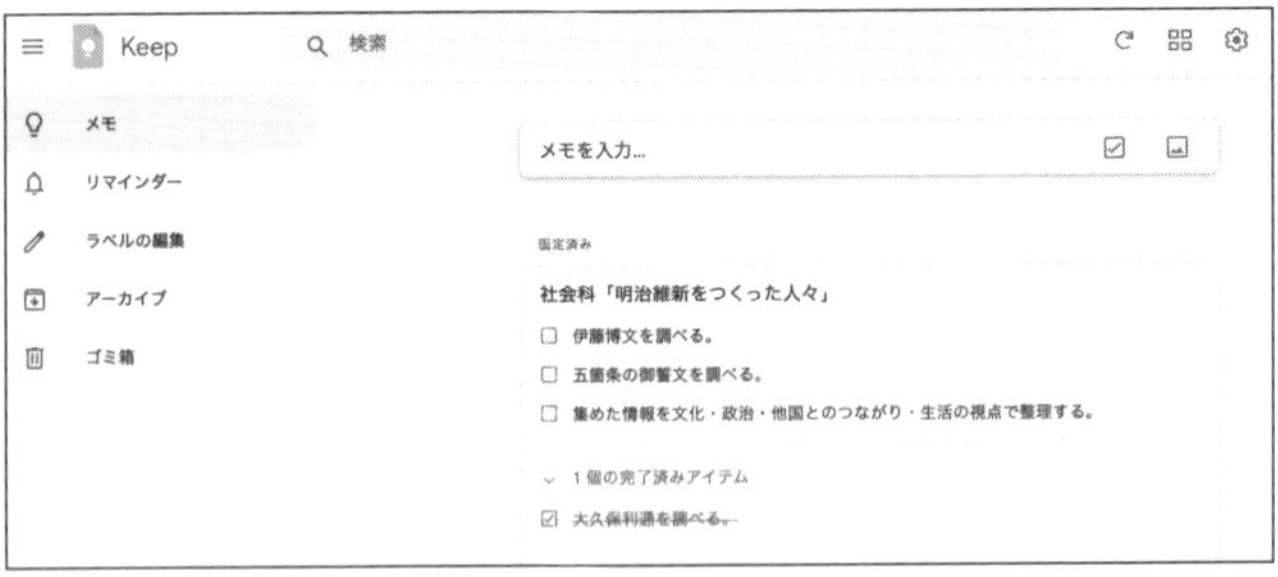

図11　To Do リストに学習課題・目標を入力する様子

図10は、総合的な学習の時間でカレンダーのアプリを活用して、計画を立案している様子です。カレンダーを使うと日時の調整はしやすくなりますが、授業を実施する日時を前もって子どもたちに知らせなければ計画を立てることができません。したがって、どのような日程で、どのように学習を進めるかの概要（図10の右側）を子どもに配付し、それを基にカレンダ

ーに学習の計画を入力するように工夫しました。カレンダーのアプリで計画を立案することで子どもたちは、授業が実施される日時を入力し「この日は○○と△△について、このような時間配分で学習を進めよう」「何日から何日まではこの課題をこのような方法で取り組むため、家でもできるときに取り組もう」といったように、その学習に取り組む時間や期間を決め、それらをグループで共有していました。また、その他の学校行事もクラス全体で共有していたことから、行事との兼ね合いを考えながら授業の見通しを明確にし、スケジュール管理をする姿が見られました。

図11は、社会科の授業で「To Do リストを活用した際の図です。子どもたちが問いを基に設定した目標を入力しています。ここには目標のみが記述されていますが、目標とともに学習方法や方略、おおよその時間配分も一緒に入力をしておくと学習の見通しが更に明確になると考えます。このように「To Do リストで計画を立案すると、達成された目標がひと目でわかります。学習を進める子どもたちも、目標が達成したらその目標を消していくことができるので、達成感や充実感を感じながら学習を進めることができるのではないでしょうか。

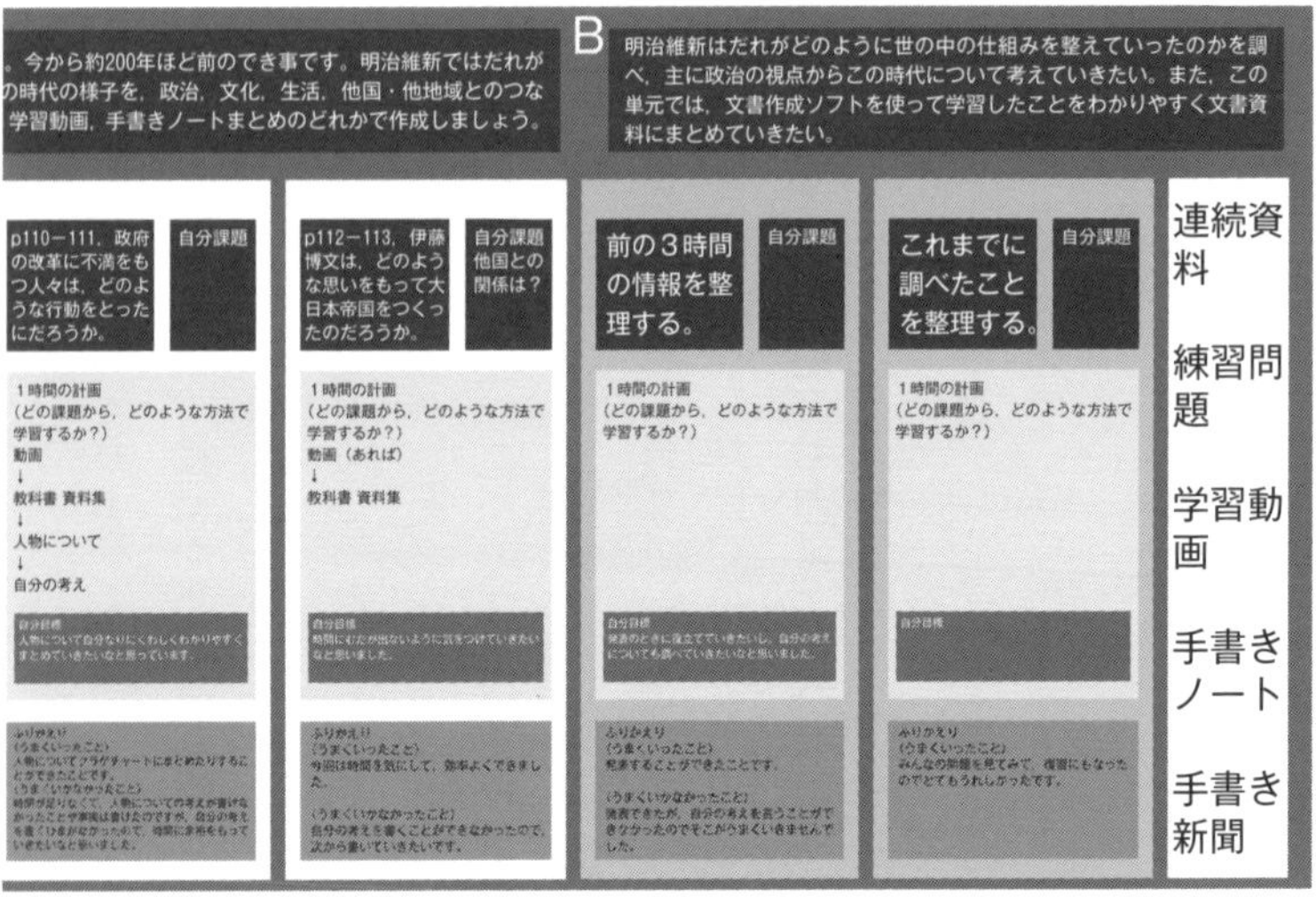
。今から約200年ほど前のでき事です。明治維新ではだれが
の時代の様子を，政治，文化，生活，他国・他地域とのつな
学習動画，手書きノートまとめのどれかで作成しましょう。
B
明治維新はだれがどのように世の中の仕組みを整えていったのかを調べ，主に政治の視点からこの時代について考えていきたい。また，この単元では，文書作成ソフトを使って学習したことをわかりやすく文書資料にまとめていきたい。
p110−111，政府の改革に不満をもつ人々は，どのような行動をとったにだろうか。
自分課題
1時間の計画
（どの課題から，どのような方法で学習するか？）
動画
↓
教科書 資料集
↓
人物について
↓
自分の考え
p112−113，伊藤博文は，どのような思いをもって大日本帝国をつくったのだろうか。
自分課題
他国との関係は？
1時間の計画
（どの課題から，どのような方法で学習するか？）
動画（あれば）
↓
教科書 資料集
前の３時間の情報を整理する。
自分課題
1時間の計画
（どの課題から，どのような方法で学習するか？）
これまでに調べたことを整理する。
自分課題
1時間の計画
（どの課題から，どのような方法で学習するか？）
連続資料
練習問題
学習動画
手書きノート
手書き新聞

①ステップ１：課題・目標を決める

ここからは、「計画を立案する」プロセスのステップを、学習計画表（レギュレイトフォーム）を基に解説します。図12は単元の見通しをもつことができるように作成した学習計画表です。この学習計画表は、学習を調整することを目的に作成した表であるため、レギュレイトフォームと名づけました。

レギュレイトフォームの上段には、単元の課題（A）を記述する枠と、その課題を基に考えた目標を記述する枠（B）があります。そして、その下に

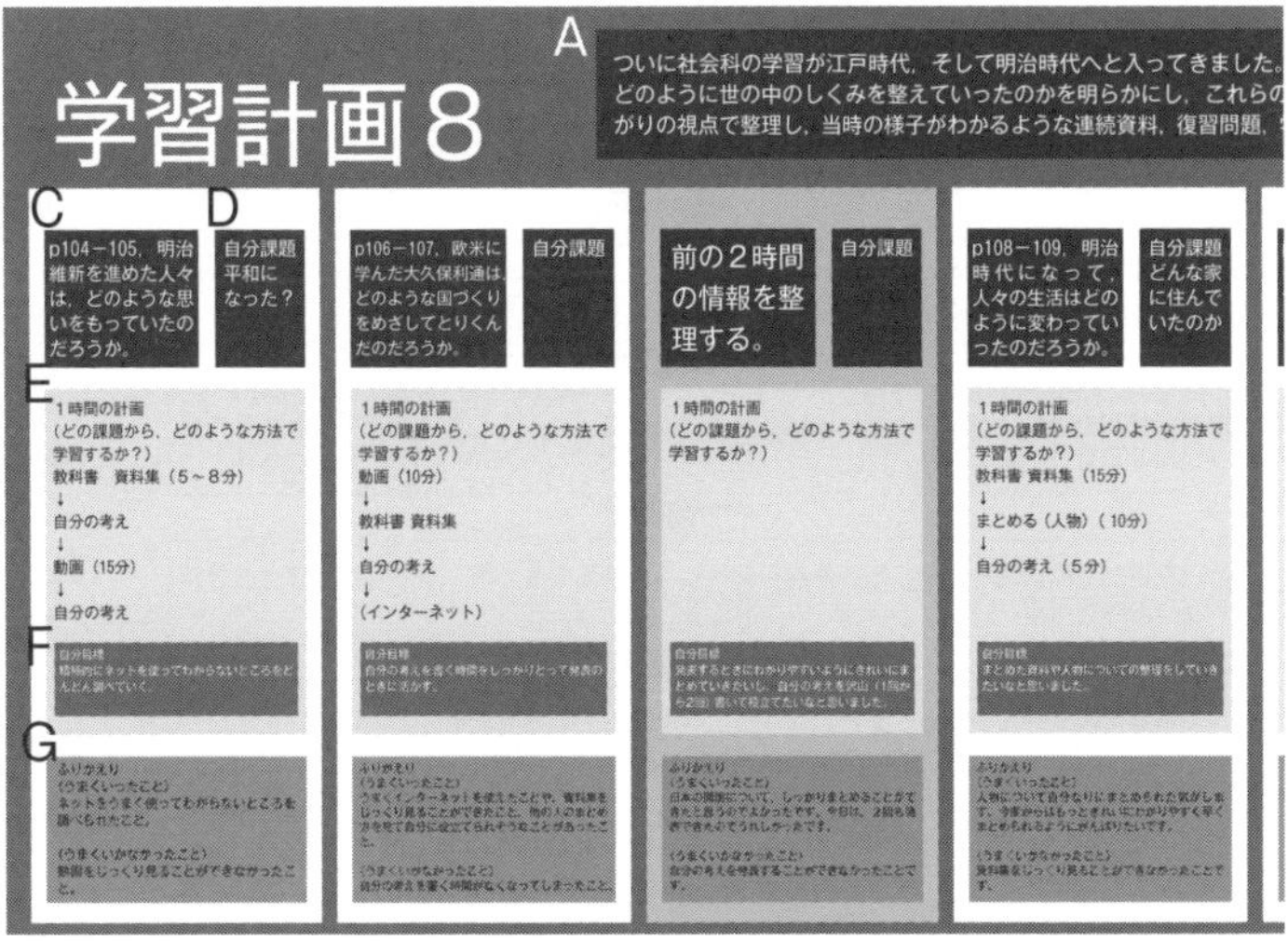

図12　子どもたちが社会科の授業で記述したレギュレイトフォーム

並んでいる枠が1時間1時間の授業を示しています。1時間の授業を示す枠の一番上には本時の課題を書く枠（C、D）があります。社会科などの教科学習では、必ず解決しなければならない教科の目標があることから、これらを課題として（C）に記述して、子どもたちに配付していました。また、与えられた課題に取り組むだけでは、すべての子どもたちの学習に対する興味関心や意欲を高めることが難しいので、子どもたちが課題から導き出した問いを記述し、自分課題（自分が解決したいと思った課題）を記述する枠（D）を本時の課題の横につくりました。

②ステップ2、3：方法・方略を決める、時間配分を決める

計画を記述して配付し、終わった活動に◎、○、△をつけて自己評価する。
▼
記述されている学習活動の時間配分を考え、記入する。
▼
学習活動の数がわかるように枠を示すとともに、その枠の数に合う学習活動を選択肢として用意し、子どもたちがそれらを順序立てて計画を完成させる。
▼
一斉での活動、グループでの活動をどの時間に行うのかを示しておき、それ以外の活動を自分で決める。
▼
前半部分の計画を記述した計画表を配付し、前半部分を参照しながら後半部分の計画を完成させる。
▼
情報活用スキルカードを参照しながら、学習計画を完成させる。

図13　１時間の計画を立案する段階的指導例

1時間の授業を示す枠の本時の課題（C、D）の下には1時間の計画を記述する枠（E）があります。ここには1時間の授業をどう過ごすのかを予想し、その時間に取り組む学習活動を時間配分とともに記述します。例えば、教科書を読んで必要な情報を集める（10分）、集めた情報をXチャートで整理する（20分）などです。

しかし、レギュレイトフォームを導入した直後の授業から子どもたちが1時間の計画を考えて記述することは困難です。1時間の計画を予想して記述することができるようになるのには、「計画を立案する」ステップを何度か経験する必要があり、時間がかかります。したがって、はじめは教

師が学習活動等を記述したものを配付し、子どもたちが確認をしながら活動を進めるところからスタートします。そして、徐々に子どもたちが記入するところを増やしていくといった段階的な指導が必要なのです。

子どもたちが記入するところを増やしていく段階的な指導については、図13のように『(教師が事前に) 計画を記述して配付し、終わった活動に◎、◯、△をつけて自己評価する』『記述されている学習活動の時間配分を考え、記入する』『学習活動の数がわかるように枠を示すとともに、その枠の数に合う学習活動を選択肢として用意し、子どもたちがそれらを順序立てて計画を完成させる』『一斉での活動、グループでの活動をどの時間に行うのかを示しておき、それ以外の活動を自分で決める』『前半部分の計画を記述した計画表を配付し、前半部分を参照しながら後半部分の計画を完成させる』といった指導の順序が考えられます。

また、子どもたちが自分で計画を記述する際には、図14（情報活用スキルカード）のようなカードを配付することが効果的です。このカードは、情報活用スキルを育成するために作成したカードであり、情報活用スキルを高める学習活動、いわば学習方法や方略が示されています。このようなカードが手元にあれば、子どもたちはカードを参照しながら適

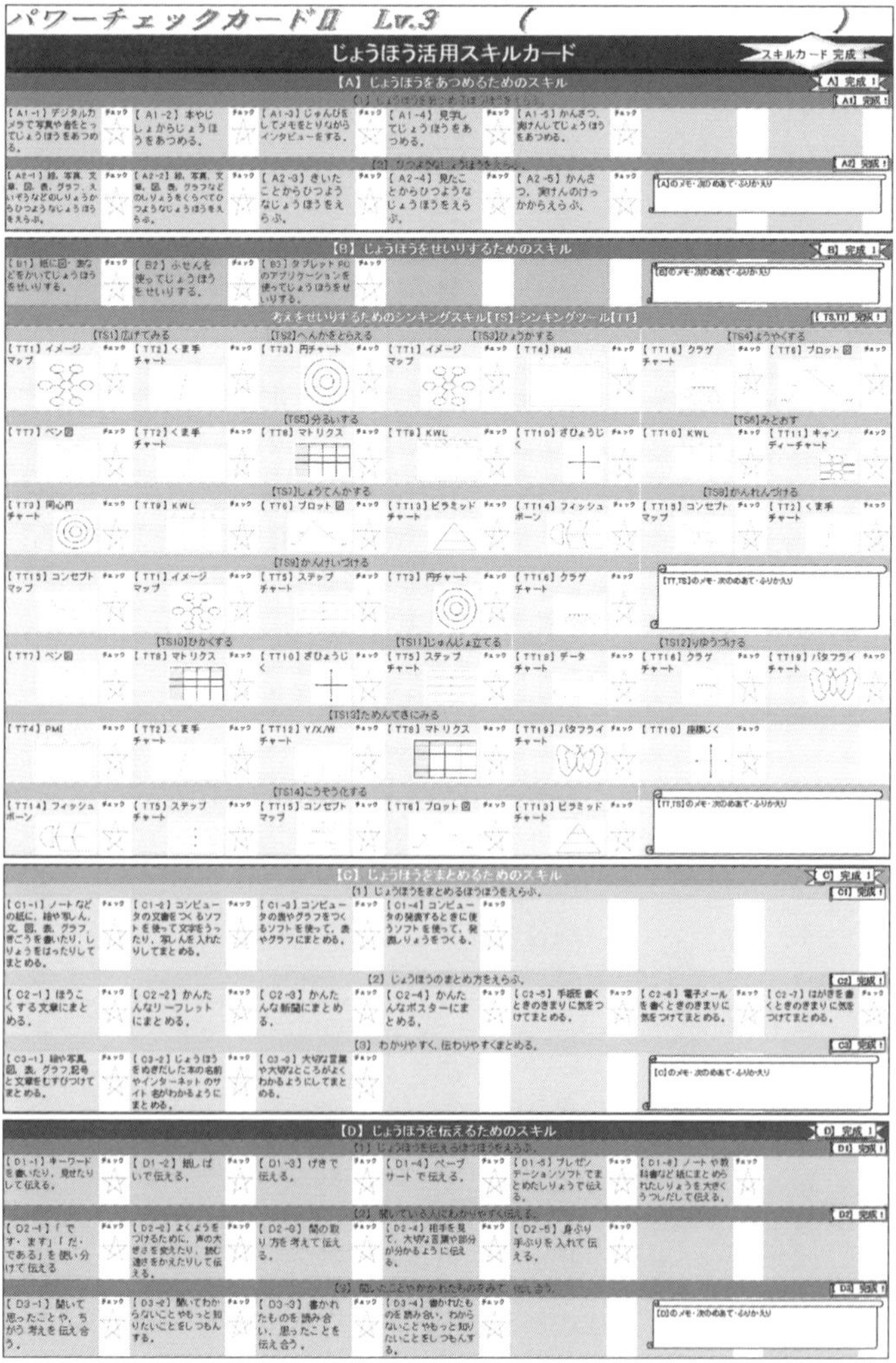

図14　情報活用スキルカード

切な学習方法・方略を選択して、学習計画を作成することができるため、計画を立案するうえで効果的な支援になると考えます。

このように、子どもたちがレギュレイトフォームのAからEを単元の導入時に記述したり、1時間の授業のはじめに、確認したりすることで単元の見通しを明確にし、その後の学習を調整することにつながっていくのです。

③1時間の授業における目標を設定するプロセスと計画を立案するプロセス

レギュレイトフォームの1時間の計画の下にある「自分目標」(F)と「振り返り」(G)の枠を記述する活動が、1時間の授業における「目標を設定する」プロセスと「計画を立案する」プロセスにあたります。

フォームに示された「自分目標」(F)の枠は、1時間の目標を記述する枠です。この枠に目標を記述する活動が、「目標設定スキル」を発揮する活動になります。この枠には、単元の課題(A)・目標(B)、その時間の課題(C、D)や1時間の計画(E)、そして、

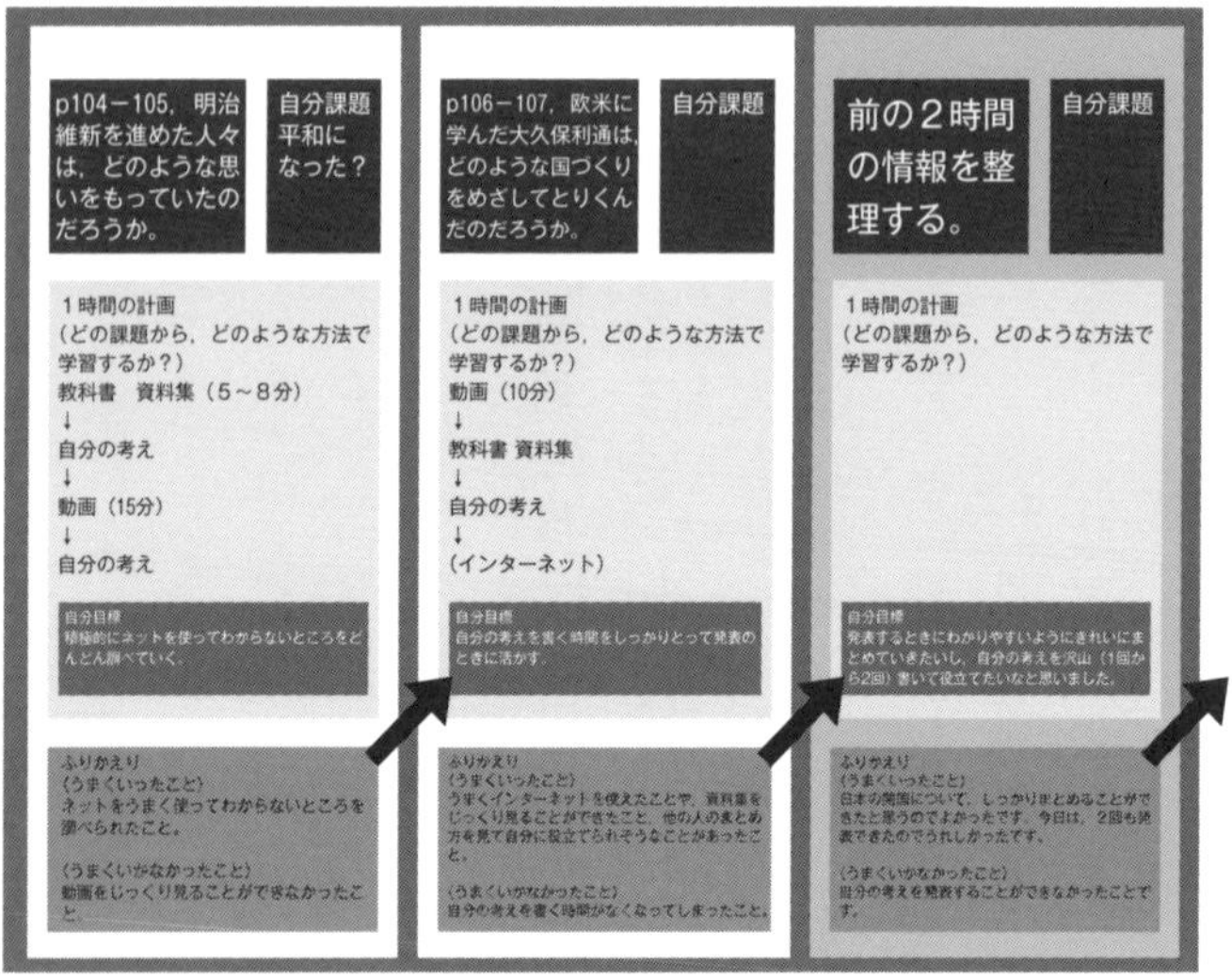
p104－105，明治維新を進めた人々は，どのような思いをもっていたのだろうか。
自分課題 平和になった？
1時間の計画
（どの課題から，どのような方法で学習するか？）
教科書　資料集（5～8分）
↓
自分の考え
↓
動画（15分）
↓
自分の考え
自分目標
ふりかえり
〈うまくいったこと〉
ネットをうまく使ってわからないところを調べられたこと。
〈うまくいかなかったこと〉
動画をじっくり見ることができなかったこと。
p106－107，欧米に学んだ大久保利通は，どのような国づくりをめざしてとりくんだのだろうか。
自分課題
1時間の計画
（どの課題から，どのような方法で学習するか？）
動画（10分）
↓
教科書 資料集
↓
自分の考え
↓
（インターネット）
自分目標
ふりかえり
〈うまくいったこと〉
〈うまくいかなかったこと〉
前の2時間の情報を整理する。
自分課題
1時間の計画
（どの課題から，どのような方法で学習するか？）
自分目標
発表するときにわかりやすいようにきれいにまとめていきたいし，自分の考えを沢山（1回から2回）書いて役立てたいなと思いました。
ふりかえり
〈うまくいったこと〉
〈うまくいかなかったこと〉

図15　1時間の振り返りと目標のつながり

前時の「振り返り」（G）の記述を基に、その時間にがんばりたいことを目標として記述します。

これらの中で、1時間の目標を記述する際に最も大切にしたいことは、前時の「振り返り」（G）を基に、目標を設定するということです。「振り返り」（G）は、1時間の授業の最後に、その時間の評価と、そのような評価になった理由、そして、次の時間に活かせることを記述する枠です（この振り返りに何が書かれるべきかについては、第3章で詳しく述べます）。なぜ、前時の振り返りを基に目標を書くことが重要であるのかは、前時の振り返りを基に本時の目標を設定することで、前時の学習と本時の学習が子どもたちの頭の中でつながるからです。教師は学習のつながりを意識して授業をしていますが、子どもたちは必ずしも前時の学習を覚えているとは限りません。したがって、レギュレイトフォームの前時の振り返りに書いたことを読むことで、前の時間にどのような学習をしていて、何がうまくいっていたのか、また、何がうまくいっていなかったのかを想起することができます。そのように前時の振り返りを読んだ後に、本時の目標を設定することで、前時と本時のつながりを明らかにして学習をスタートすることができるのです（図15）。

次に、1時間の授業における「計画を立案する」ステップに入ります。このステップでは、レギュレイトフォームで単元の学習計画を作成している場合は、フォームに示されている1時間の計画（E）を確認し、事前に立案した計画のまま学習を進めてもよいかについて確認します。このような確認を行い、場合によっては計画に修正を加え、その時間に合った計画に変更するのです。単元のはじめに学習計画を作成していない場合は、1時間の学習の流れを教師が示したり、子どもたちが本時の学習の流れを予想し、発言するなどの機会を設定したりして、今後の学習の見通しを明確にします。

このように計画を立案する際に大切なことは、課題・目標を基に、どのような方法・方略で学習活動を進めるのかを明らかにすること、それらの学習活動にどのくらいの時間取り組むかの時間配分をはっきりさせることです。1時間の計画を立案する際に、時間配分を決めることは、単元の計画を立てる際と大きく異なる点です。単元の計画を立てる際は、「だいたいこの程度の時間」として時間配分を決めますが、1時間の授業においては、これから実際にその学習活動に取り組むわけですから、7分や10分といったきっちりした時間を決める必要があります。このように時間配分を決めることで、学習活動の終了時刻がわかり、その時間内に課題が解決し、目標が達成するように調整しながら学習に取り組むことができようになるのです。

第2章

「実行する」フェーズ

目標、計画を基に学習活動を進め、
課題を解決したり、目標を達成したり
するために学習を確認／調節する

「実行する」フェーズは、**「確認する」**プロセスと**「調節する」**プロセスで構成されています。そして、これらのプロセスで**「確認」**スキル、**「調節」**スキルの2つの自己調整スキルを発揮して学びます。これらのプロセスは、まず「確認する」プロセスを終えて、次に「調節する」プロセスに入るという順序ではなく、これらのプロセスがステップごとに繰り返し実行されていくことが特徴です。

では「確認する」プロセスと「調節する」プロセスについて表1を基に解説します。

表1　実行するフェーズ

フェーズ	実行する	
プロセス	確認する	調節する
スキル	確認	調節
学習活動	学習を確認する活動	学習を調節する活動
活動内容	・実行している学習活動が，課題の解決や目標の達成に向けて進んでいるかを考える ・方法や方略が適切かを考える ・時間配分は適切かを考える	・課題や目標を再検討し，変更する ・方法や方略を修正する ・時間配分を調節する

まず「確認する」プロセスでは、取り組んでいる学習活動が順調に進んでいるかを確認します。学習活動を確認するとは、実行している学習活動が、課題の解決や目標の達成に向かって進んでいるかを確認することから始まります。そして、次に、取り組んでいる活動の学習方法・方略が適切であるのかについて確認します。最後に、残りの学習時間で課

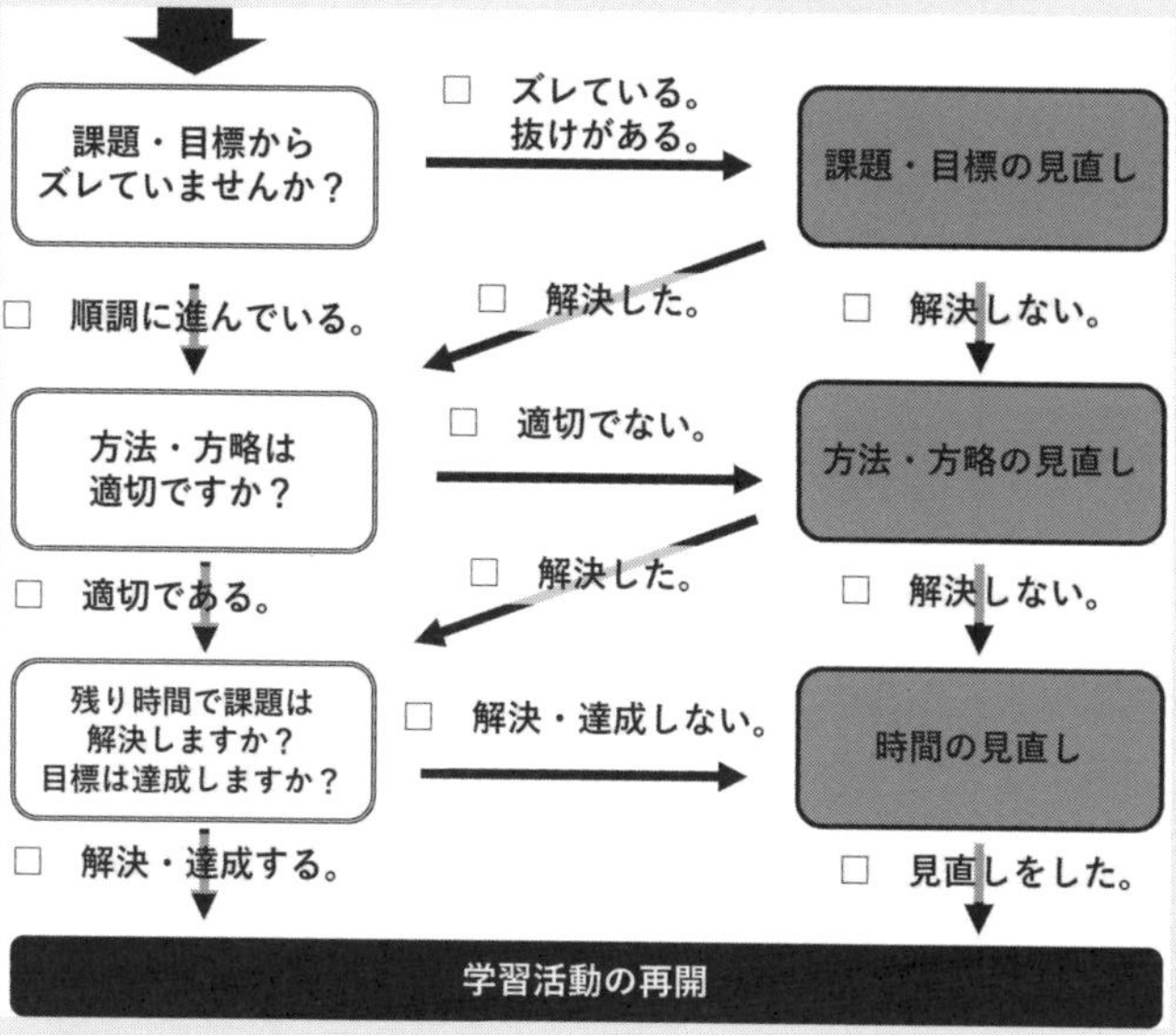
課題・目標から
ズレていませんか？
□ ズレている。
抜けがある。
課題・目標の見直し
□ 順調に進んでいる。
□ 解決した。
□ 解決しない。
方法・方略は
適切ですか？
□ 適切でない。
方法・方略の見直し
□ 適切である。
□ 解決した。
□ 解決しない。
残り時間で課題は
解決しますか？
目標は達成しますか？
□ 解決・達成しない。
時間の見直し
□ 解決・達成する。
□ 見直しをした。
学習活動の再開

図１　学習確認・調節フローチャート

題や目標が解決・達成するのかについて確認します。これらを確認する際に、子どもたちの拠り所となるのが、学習計画（レギュレイトフォーム、図２）です。レギュレイトフォームに書かれている単元や本時の課題・目標、方法・方略、時間配分と実行している学習活動を振り返り、学習が順調に進んでいるかを判断します。

次に「調節する」プロセスでは、「確認する」プロセスで確認した結果を基に、修正が必要と判断した課題・目標、方法・方略、時間配分を調節します。まず、実行している学

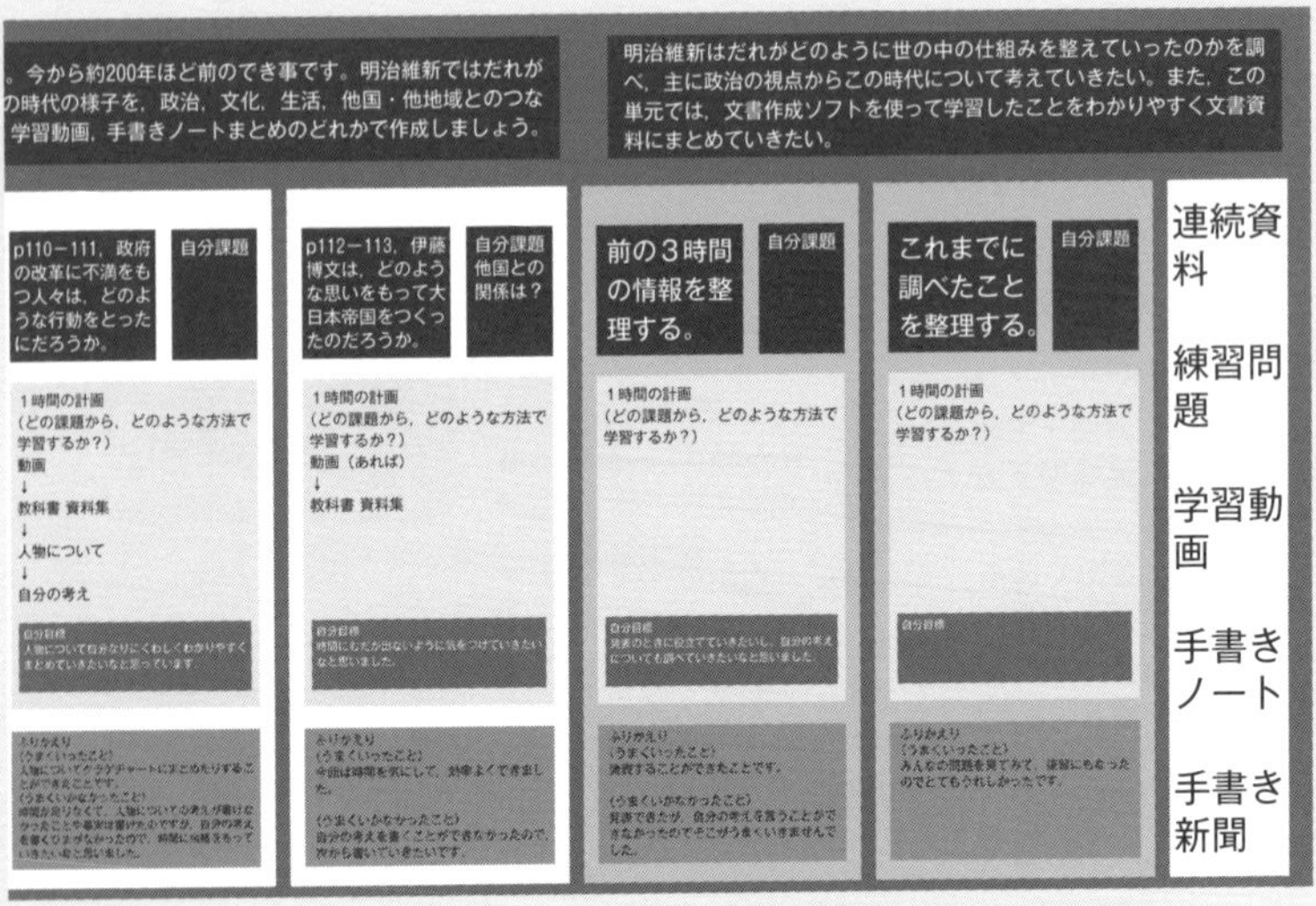

。今から約200年ほど前のでき事です。明治維新ではだれが
の時代の様子を，政治，文化，生活，他国・他地域とのつな
学習動画，手書きノートまとめのどれかで作成しましょう。
明治維新はだれがどのように世の中の仕組みを整えていったのかを調べ，主に政治の視点からこの時代について考えていきたい。また，この単元では，文書作成ソフトを使って学習したことをわかりやすく文書資料にまとめていきたい。
p110－111，政府の改革に不満をもつ人々は，どのような行動をとったにだろうか。
自分課題
1時間の計画
（どの課題から，どのような方法で学習するか？）
動画
↓
教科書 資料集
↓
人物について
↓
自分の考え
自分目標
ふりかえり
p112－113，伊藤博文は，どのような思いをもって大日本帝国をつくったのだろうか。
自分課題
他国との関係は？
1時間の計画
（どの課題から，どのような方法で学習するか？）
動画（あれば）
↓
教科書 資料集
自分目標
ふりかえり
前の3時間の情報を整理する。
自分課題
1時間の計画
（どの課題から，どのような方法で学習するか？）
自分目標
ふりかえり
これまでに調べたことを整理する。
自分課題
1時間の計画
（どの課題から，どのような方法で学習するか？）
自分目標
ふりかえり
連続資料
練習問題
学習動画
手書きノート
手書き新聞

習が課題や目標の解決・達成からズレていた場合は、再度、学習計画に記述されている課題や目標の意味を考え直す必要があります。また、方法・方略が適切でないと判断した場合は、適切な方法や方略に変更します。さらに、時間配分が適切でなかった場合は、設定された時間内に課題・目標が解決・達成するためにどうすればよいのかということについて考え、時間配分を再検討します。このように、今後の活動がよりよく進むように修正することが「調節する」プロセスなのです。

ここで示した、「課題・目標」「方法・方略」「時間配分」の確認につい

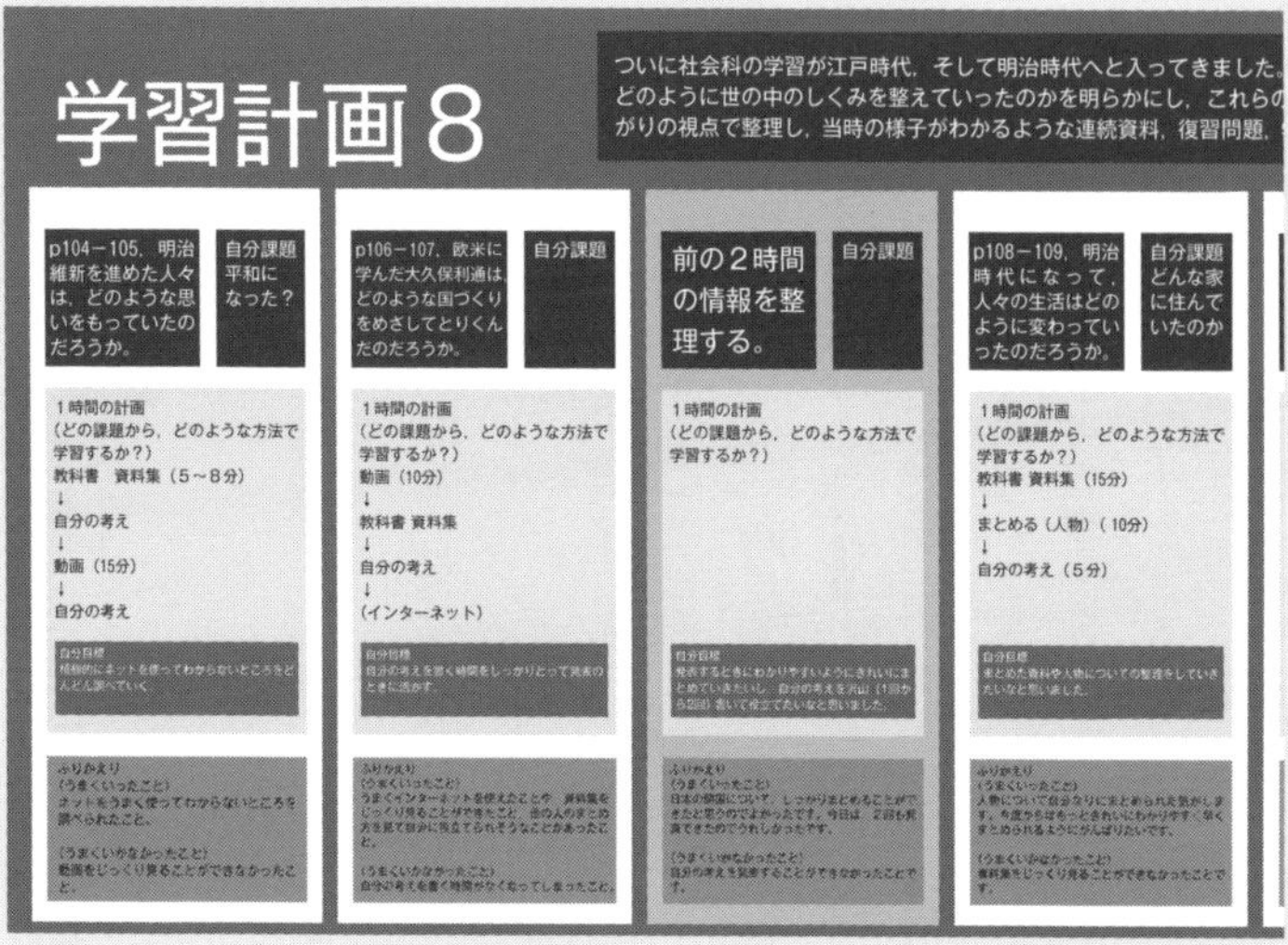

図2　レギュレイトフォーム（再掲）

ては、教師が子どもたちに声かけをして、確認と調節を促すか、図1のようなフローチャートを配付し、子どもたちに適宜、学習活動を確認／調節することを促すことが効果的であると考えます。

※「見通す」フェーズでは、単元での自己調整学習を主体として解説した後に、その流れを1時間の授業で捉え直しましたが、「実行する」プロセスでは、1時間の授業で確認／調節スキルを発揮して学ぶため、1時間の授業での自己調整学習を主体に解説することにします。

1　課題・目標を確認／調節するプロセス

①ステップ1：課題・目標を確認する

「実行する」フェーズは、立案した計画を基に、課題・目標の解決・達成に向けて学習を進めていくフェーズです。子どもたちは、「見通す」フェーズで計画を立案しても、学習活動に取り組み出すと、設定した目標や時間配分を忘れ、活動に没頭してしまいます。学習活動に没頭することは子どもたちが学ぶうえでとても大切なことですが、そのことで、目標からズレていることに気づかずに学習を進めたり、時間が足りなくなって教科の目標につながる重要な課題に取り組むことができなくなってしまったりしては本末転倒です。そのような点からも、子どもたちが学習活動に取り組んでいる間に、自らの学習を確認し、調節することが重要なのです。

図3は、図1から課題・目標を「確認／調節する」ステップを抜粋した図です。課題・目標を「確認／調節する」ステップでは、子どもたちが「確認」スキルを発揮して、取り

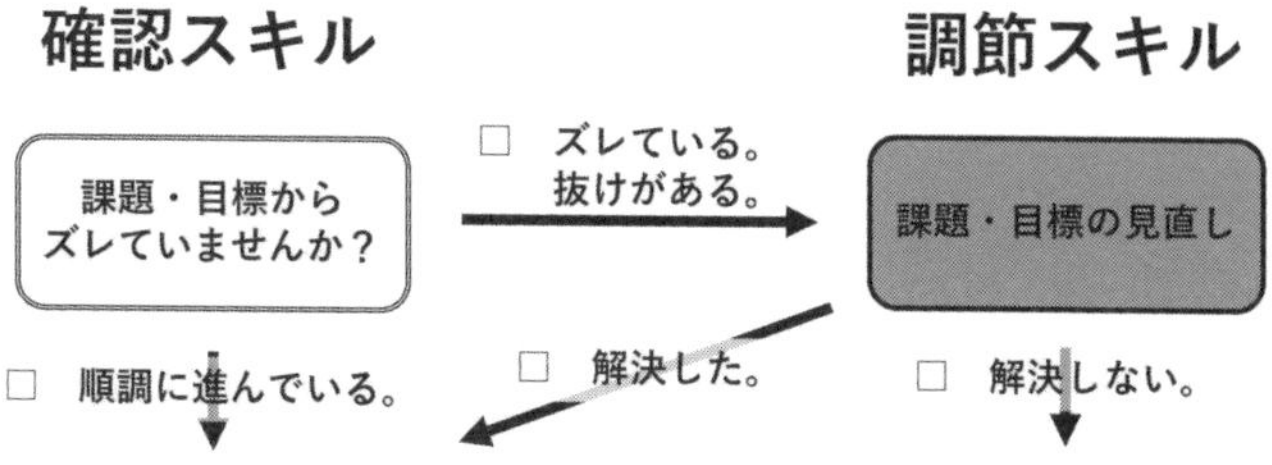
確認スキル
調節スキル
課題・目標から
ズレていませんか？
□　ズレている。
抜けがある。
課題・目標の見直し
□　順調に進んでいる。
□　解決した。
□　解決しない。

図3　課題・目標を確認／調節するステップ

組んでいる学習活動が課題・目標からズレていないかを確認します。確認する際は、レギュレイトフォームの本時の課題（C、D）と本時の自分目標（F）の記述を見ることで、実行している学習活動が課題や目標に沿って進んでいるかがわかります。

図4は、レギュレイトフォームの1時間の計画を抜粋したものです。例えば、この計画で言えば、課題・目標を確認する活動で、まず自分が行っている学習活動が（C）に記述されている「明治維新を進めた人々は、どのような思いをもっていたのだろうか」を解決する活動になっているのかを確認します。次に、自分課題（D）で記述した「（そのことによって）平和になった？」という課題を解決することにつながる活動になっているのかについて確認するのです。この課題についての「確認する」プロセスについて考えるうえで該当する教科書のページを見てみると、「明治維新を進めた人々」の1人として、坂本龍馬が薩長同盟に尽力したことについての資料が掲載されてい

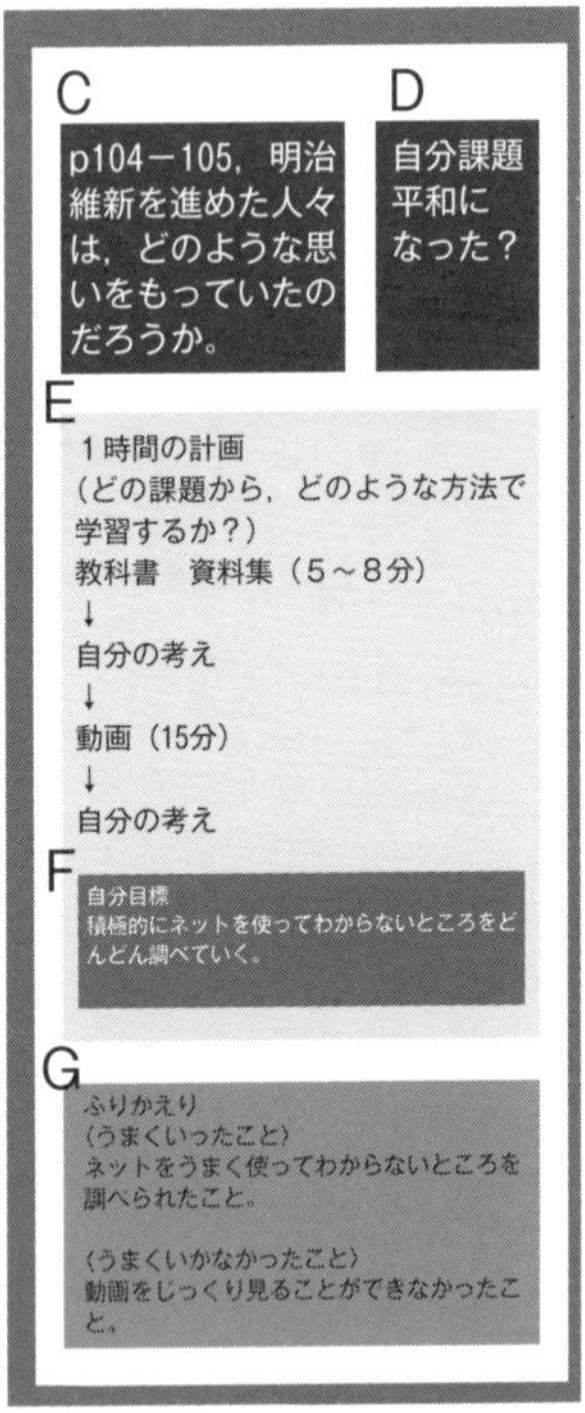

図４　レギュレイトフォームの１時間の計画例

ました。また、大久保利通や西郷隆盛、木戸孝允といった人物が紹介され、彼らがどのようなことに取り組んだのかが解説されていました。子どもたちは情報を集める活動を通して、これらの資料から必要な情報を選択し、ノートやタブレットＰＣのソフト内に記録していると考えられます。「課題・目標を確認する」プロセスでは、これらの記録が課題を解決することに向かう情報であるのかについて確認するのです。この単元の課題を基に、ノート等の記録を確認する際は、「明治維新を進めた人々が何をしてきたのかということについて調べられているか」、また、「その人々がどのような思いをもって明治維新を進めていたのかということについて考えられているのか」ということを確認する必要があります。このような視点で確認することにより、「どのような人がいて、その人たちが何をしていたのかについては調べることができていたが、どのような思いをもって明治維新を進めていたのかについては深く考えることができていなかった」「明治維新を進めた人々が取り組んだことが平和につながったのかについては考えられていなかった」などの成果や課題が明らかになるのです。

次に、自分目標（F）に記述した「積極的にネットを使ってわからないところをどんどん調べていく」はどうであったかを確認します。この目標は、学習方法についての目標であることから、インターネットを使って、情報収集をうまく行うことができているのかについて確認します。そのような視点で確認すると「目標にあげた通り、インターネットでうまく調べることができている」という成果や、「教科書や資料集ばかりで調べ、インターネットで調べることを忘れていた」といった課題が浮き彫りになります。また、「教科書や資料集に重要な情報がたくさんあることに気づいた。必ずしも、インターネットで調べる必要はないのではないか」といった目標自体の妥当性についても考えるきっかけになり、課題・目標を確認することができるのです。

②ステップ2：課題・目標を調節する

課題や目標を基に学習を確認し、現在取り組んでいる学習活動がズレていたり、抜けていたりしていることが明らかになれば、「調節する」ステップに入り、課題・目標を見直します（図3）。

図4を例にするならば、課題である「明治維新を進めた人々は、どのような思いをもっていたのだろうか」（C）について確認し、「当時の人々の思いを考えながら情報を収集していくという視点をもっと意識する必要があるのではないか」という調節の視点を見いだすことができたとします。また、「平和になったのか」（D）について確認し、「この時間に調べただけの資料では、平和になったのかわからないのではないか」という視点に気づくことができたとします。確認することによって気づいたこのような視点を基に子どもたちは「当時の人々の思いを考え、考えたことを書き残していくことにしよう」「これだけの資料では十分ではないが、今後は平和になったのかについても考えながら学習を進めよう」といったように今後の学習活動を調節していくのです。

また、自分目標（F）に記述されている「積極的にネットを使ってわからないことをどんどん調べていく」についても、「確認する」プロセスの判断を基に、子どもたちが、「今後は、教科書で調べる時間を短縮し、インターネットで調べる時間をつくろう」や「教科書・資料集でしっかりと調べ、人々の思いについて考えることが重要であるから、インターネットで調べるのは、ゆとりができたらにしよう」といったように学習活動の調節をしていくのです。

このように、子どもたちが課題・目標の解決・達成に向け、自ら学習活動を確認し、それを基に調節する機会を授業中につくることが、子どもたちの確認／調節スキルを高めるうえで効果的であると考えます。

2　方法・方略を確認／調節するプロセス

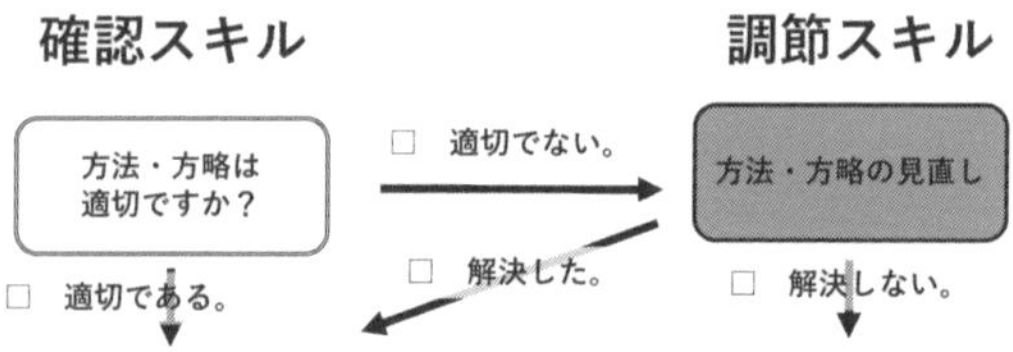
確認スキル
調節スキル
方法・方略は
適切ですか？
□　適切でない。
方法・方略の見直し
□　解決した。
□　適切である。
□　解決しない。

図５　方法・方略を確認／調節するステップ

①ステップ１：方法・方略を確認する

課題・目標を確認・調節した次は、学習の方法・方略を確認します。図５は、方法・方略を確認・調節する際の手順を整理したフローチャートです。このステップでは、まず「確認スキル」を発揮して、課題・目標を解決・達成するために取り組んでいる学習方法・方略が適切であるかについて確認します。方法・方略を確認し、それらが適切であると判断した場合は、次の時間配分を確認するステップに移ります。

しかし、方法・方略が適切ではないと判断した場合は、それらを調節するステップに入ります。方法・方略を確認する際も、課題・目標を確認した際と同様に、レギュレイトフォームを参照しながら

1時間の計画
（どの課題から、どのような方法で
学習するか？）

①教科書　資料集（5～8分）
↓
②自分の考え
↓
③動画（15分）
↓
④自分の考え

図6　レギュレイトフォームに記述
された1時間の学習計画例

確認します。

図6は、レギュレイトフォームの1時間の計画(図4、E)を拡大した図です。この計画を見ると、①教科書、資料集から情報を収集する活動、②収集した情報から考えたことを記述する活動、③動画を視聴して情報を収集する活動、④動画を視聴して考えたことを記述する活動を計画していることがわかります。また、この計画では、教科書、資料集、動画という方法で情報を収集しようとしていることと、このような方法で情報を収集した後に、それらの情報を基に考えを深め、その考えをノートなどに記述するという方略で課題・目標を解決しようとしていることがわかります。

したがって、このステップでは、1時間の計画に示された「教科書」「資料集」「動画」という方法と「事実を基に考えを深め、記述する」という方略が適切であったのかについて確認することになるのです。

確認する際は、「実行している方法で十分に情報を収集することができているのか」「課題の解決に向けての適切な情報を得ることができる方法なのか」「課題を解決するうえで、事実を基に考えを深めることができる最適な方法なのか」を確認します。また、このときに方法を実行する際の方略についても考えておくと、その後の活動が効率よく進むと考えられます。例えば、動画で情報を収集している際に「大切な言葉をメモしている」「必要な情報の部分を静止画に撮影してタブレット端末に記録している」など、実行している方略が適切か、効率的であるかを方法の確認と同時に行うことで、調節の視点が見いだしやすくなるのです。

②ステップ2：方法・方略を調節する

方法・方略を確認し、それらが適切ではないと判断した場合は、方法・方略を調節するステップに入ります。方法・方略を調節するとは、今学んでいる方法を別の方法に変えて学ぶか、方法はそのままで方略を変えて学ぶかを判断し、学習の軌道修正を行うということです。例えば、方法を変える調節とは、教科書で調べていた活動を、インターネットで調べる活動に変更することです。このように方法を変更すると、これまでの方法では見つけられなかった新たな情報を収集することができるというプラス面があります。しかし、新たな方法で情報の収集を再スタートすることによって、必要な情報を見つけられるようになるまでに時間がかかったり、新しい方法に合った方略を検討し直さなければならなかったりするといったマイナス面もあります。方法を調節する際は、このような両側面を考えたうえで、調節するように指導することが大切です。

それに比べ、方略の変更は、方法を変えるよりも行いやすい調節です。例えば、「資料集から情報を集める際に、大切な情報をタブレットPCに入力して記録するという方略で進めていた活動を、入力することに時間がかかるため、その部分を静止画で記録し※、大切な部分に線を引いて記録するという方略に変更する」ということが、方略の調節にあたります。このように方略とは、ある方法で、どのように情報を集めるのかという、いわゆる「やり方」であるため、様々な方略を子どもたちが自ら考え出すことができます。方略を調節する活動を通して、様々な方略を試し、調節しながら、自分に最も合った方略を見つけることが、今後の学習を効率よく進めるうえで重要なことであると考えます。

※資料集を静止画で記録することは教育上では認められていますが、社会では認められていないことを子どもたちに指導する必要があります。

3 時間配分を確認／調節するプロセス

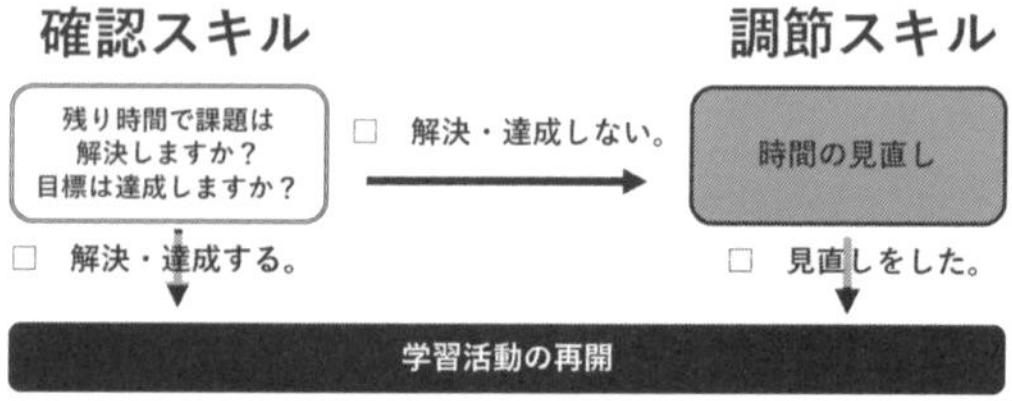
確認スキル
調節スキル
残り時間で課題は
解決しますか？
目標は達成しますか？
□ 解決・達成しない。
時間の見直し
□ 解決・達成する。
□ 見直しをした。
学習活動の再開

図７　時間配分を確認／調節するステップ

①ステップ１：時間配分を確認する

「確認する」「調節する」プロセスの最後のステップは、時間配分の確認／調節です。

まず、時間配分を確認するステップでは、「残り時間で課題が解決するのか、目標は達成するのか」ということについて確認をします。ここで、時間内に課題・目標が解決・達成することができると判断した場合は、取り組んでいた学習活動を再開します。しかし、時間内に解決・達成することができないとなると、計画している時間配分を考え直したり、どこかで時間を捻出したり、だれかに援助を要請したりする必要が出てきます。

このような時間配分の確認を実際のレギュレイトフォーム（図

1時間の計画（どの課題から、どのような方法で学習するか？）	1時間の計画（どの課題から、どのような方法で学習するか？）
教科書　資料集（5～8分） ↓ 自分の考え ↓ 動画（15分） ↓ 自分の考え	教科書　資料集（15分） ↓ まとめる（人物）（10分） ↓ 自分の考え（5分）

図8　1時間目（左）と4時間目（右）のレギュレイトフォームに記述された1時間の計画

2）の記述を基に考えていきます。時間配分を確認するステップもレギュレイトフォームの1時間の計画（図4、E）を基に確認します。図8は、ある単元の1時間目の計画と、4時間目の計画を抜粋した図です。まず、1時間目の時間配分を見ると、「教科書や資料集」で調べる時間を5～8分とし、その後の「動画を視聴して情報を集める」時間を15分と設定しています。「自分の考え」として示されている考えを記述する活動には時間が入っていませんが、この授業が45分授業であったため、図8には示されていない授業のはじめに目標を記述する時間が5分、1時間の学習を振り返り記述する時間が5分、つまり、目標設定と振り返りの時間をのぞいた35分中、約23分を教科書・資料集や動画から情報を集める活動と計画していることがわかります。したがって、この計画を立案した子どもは残りの12分を、自分の考えを記述する時間として計画していたと考えられます。

次に、4時間目の計画では、教科書、資料集で調べる時間を15分と設定し、人物についてまとめる時間を10分、自分の考えを記述する時間を5分と設定しており、5分間のゆとりを設けています。これらの時間配分の計画を見ると、4時間目の計画の方が、活動の時間配分がわかりやすく、段取りよく学習を進めていくことができるように感じられます。このように、時間配分を設定するときは、できるだけすべての活動の配当時間を書くようにし、活動の開始時刻が明確になるようにしておくことで、確認がしやすくなるのです。ただ、これらの時間配分は、子どもたちがこれまでの学習経験を基に、それぞれの活動に要する時間を予測して配分した時間です。したがって、いざ学習に取り組むと、設定していた時間が短く十分に活動することができなかったり、時間が余ったりすることが必ず起こります。これらの配分のズレに気づくためにも、時間配分を確認するステップはとても重要であるといえます。

このように、時間配分を確認するステップでは、まず現在の時刻を確認し、学習活動が当初の計画通り進んでいるかを確認します。次に、課題・目標の解決・達成状況を基に、残りの時間で課題が解決するのか、目標が達成されるのかについて確認するのです。

②ステップ2：時間配分を調節する

時間配分を確認し、残り時間内に課題・目標が解決・達成することができないと判断した場合は、時間配分の見直しを行います。そのことについて、図8の4時間目の計画を例にあげ、時間配分の調節について解説します。

例えば、4時間の学習で、時間配分を確認する活動を「教科書・資料集で調べる」活動の10分を経過した段階で行ったとしましょう。その確認で「残りの5分では、課題を解決するためのすべての情報を集めることができない」と判断した場合、次に計画している「まとめる（人物）」活動（10分）を5分程度に短縮するか、その次に計画している「自分の考え」を記述する活動と「まとめる（人物）」活動を同時に行うといった調節が考えられます。また、レギュレイトフォーム（図2）には、単元全体の学習の計画が記述されていることから、「まとめる（人物）」活動をその後の時間に移動させることも考えられます。

他にも、この単元計画では7時間目に、その前の3時間で集めた情報を整理する時間が設定されていることから、7時間目までに、宿題や休み時間などの時間を使ってまとめる活動に取り組むことも考えられます（図9）。

これらのことから、時間配分を調節する際には、単元の学習計画が非常に重要な役割を果たすことがわかります。

またこのステップでは、活動そのものの時間を調節する以外に、他者に援助を要請し、時間を調節するといった方法も考えられます。個人での活動の場合は、効率のよい方法・方略を、他者に教えてもらうことで時間配分を調節することができます。

また、グループで協働して学習に取り組んでいる場合は、役割分担の人数を調節することで時間配分を調節

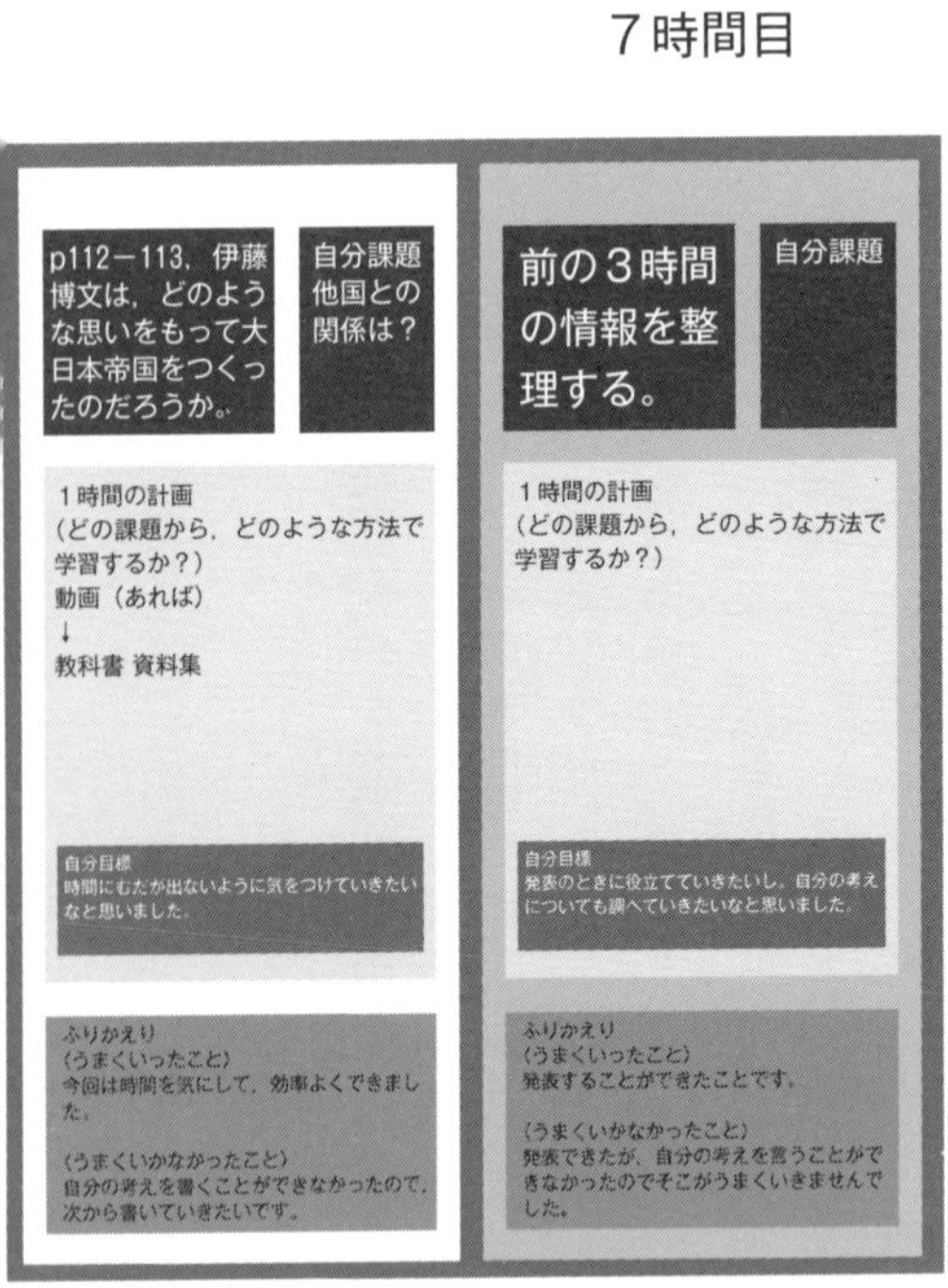
7時間目
p112－113，伊藤博文は，どのような思いをもって大日本帝国をつくったのだろうか。
自分課題 他国との関係は？
1時間の計画
（どの課題から，どのような方法で学習するか？）
動画（あれば）
↓
教科書 資料集
自分目標
時間にむだが出ないように気をつけていきたいなと思いました。
ふりかえり
（うまくいったこと）
今回は時間を気にして，効率よくできました。
（うまくいかなかったこと）
自分の考えを書くことができなかったので，次から書いていきたいです。
前の3時間の情報を整理する。
自分課題
1時間の計画
（どの課題から，どのような方法で学習するか？）
自分目標
発表のときに役立てていきたいし，自分の考えについても調べていきたいなと思いました。
ふりかえり
（うまくいったこと）
発表することができたことです。
（うまくいかなかったこと）
発表できたが，自分の考えを言うことができなかったのでそこがうまくいきませんでした。

4時間目から7時間目の抜粋

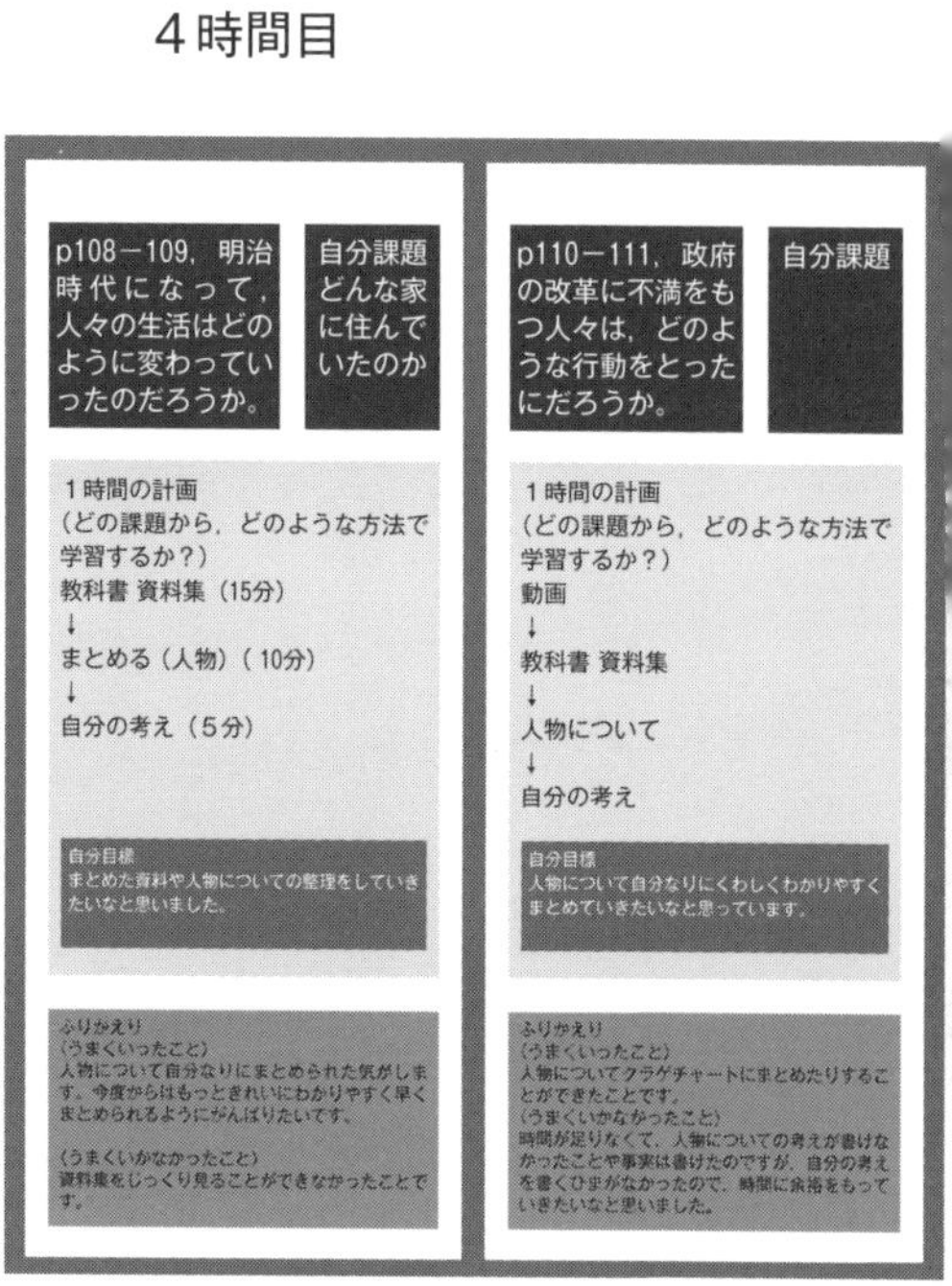

図9　レギュレイトフォームの

することができます。

このように時間配分を確認／調節した後に、学習活動を再開します。

子どもたちは、「課題・目標」「方法・方略」「時間配分」といった視点で自らの学習を確認したり、調節したりすることに慣れていません。確認したり、調節したりする活動に、はじめて取り組む際は、「確認タイム」を設定するなどして、教師が子どもたちに働きかける必要があります。

また、子どもたちが自らの学習を確認／調節する活動に取り組んで間もないころは、すべてを確認・調節するのに長い時間を要すると考えられます。そこで、確認／調節する活動を実施する際は、まず、子どもたちに学習確認・調節フローチャート（図1）を配付し、教師による一斉指導のもと、フローチャートに書かれていることを読み上げながら、確認／調節する活動に取り組むことをおすすめします。

次に、授業中に、自らの学習について確認／調節する時間を設定し、フローチャートを基に、グループで学習を確認／調節するようにします。このように、グループで協力して確認／調節する活動に取り組むことで、子どもたちがそれぞれのステップにおける確認や調節の仕方を理解することができることでしょう。

このような手順で、子どもたち一人ひとりが確認や調節の仕方を理解し、短時間で確認／調節をすることができるようになれば、個人での活動においても、フローチャートを参照しながら、手際よく自らの学習を確認／調節することができるようになります。

子どもたちが主体的に自らの学習を確認／調節して学習を進めていくには、子どもたちが何度もこのような活動を経験し、「確認」スキル・「調節」スキルを高める必要があります。また、子どもたちがこれらのスキルを発揮して学ぶことができるようになるために、教師はこれらのスキルを高めることにつながる授業を繰り返し行い、日常的にスキルを高める指導・支援を継続して行っていくことが大切なのです。

第3章

「振り返る」フェーズ

自らの学習を振り返り、次に活かす

表1　振り返るフェーズ

フェーズ	振り返る		
プロセス	評価する	帰属する	適用する
スキル	評価	帰属	適用
学習活動	自らの学習を評価する活動	評価結果の原因を帰属する活動	帰属したことを次につなげる活動
活動内容	・何がうまくいったのか，何がうまくいかなかったのかについて考える	・なぜうまくいったのか，なぜうまくいかなかったのかについて考える ・学習を通して自分の何が変わったのかを考える	・評価結果を基に帰属したことが今後，どのような学習で生かせるのかについて考える

「振り返る」フェーズは、**「評価する」プロセス**、**「帰属する」プロセス**と**「適用する」プロセス**で構成されています。そして、これらのプロセスで「評価」スキル、「帰属」スキル、「適用」スキルの3つの自己調整スキルを発揮して学びます。

まず、「評価する」プロセスでは、自らの学習を評価する学習活動に取り組みます。その活動の中で、子どもたちは「何がうまくいったのか」「何がうまくいかなかったのか」について考え、自らの学習を評価します。また「評価する」プロセスは学習を自ら評価（自己評価）する場合と、他者から評価（他者評価）を得て自らの学習を振り返る場合があります。

次に、「帰属する」プロセスでは、評価結果の理由や原因について考える活動に取り組みます。ここでは、子どもたちが評価結果を基に「（その活動が）なぜうまくいったのか」また、「なぜうまくいかなかったのか」といった視点で理由や原因を考えます。そして、

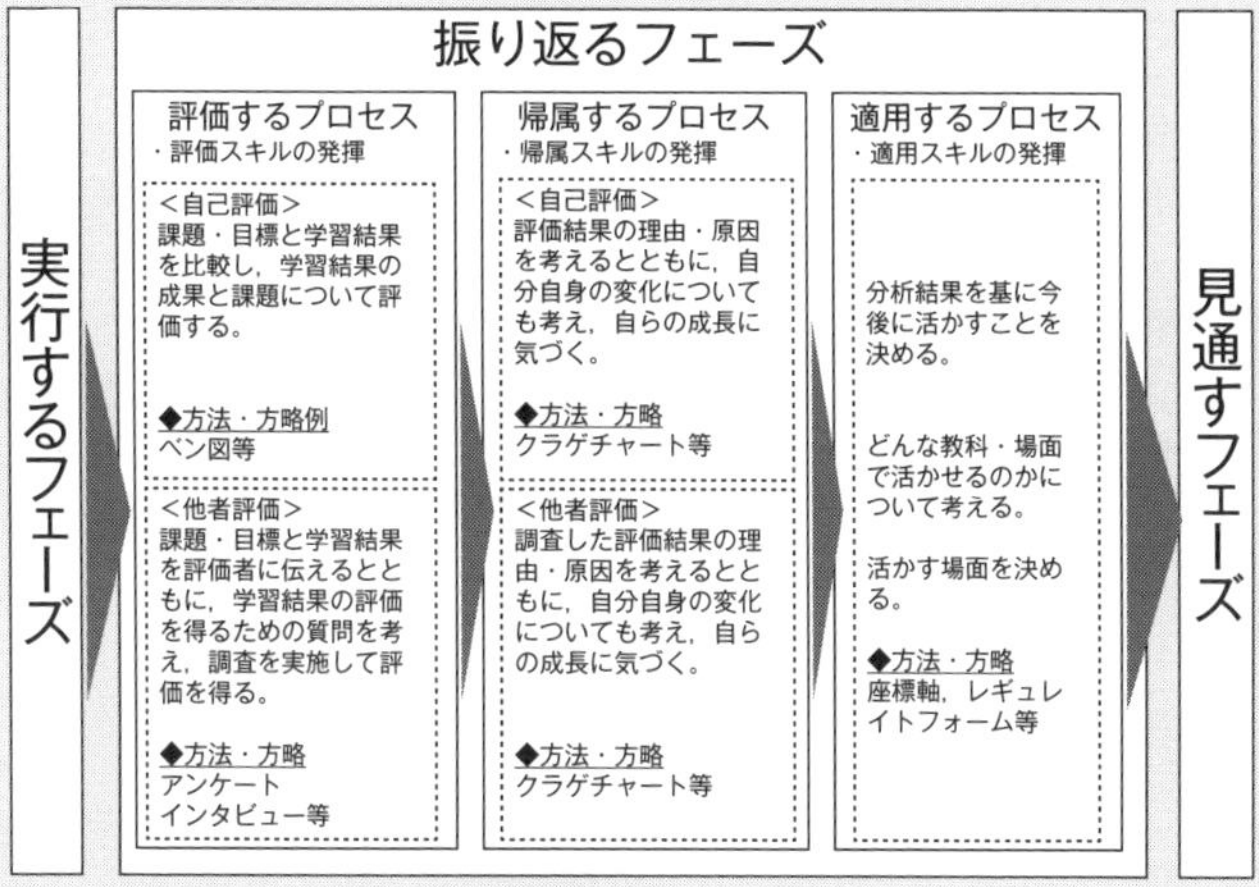

図1　振り返るフェーズの流れ

そのような活動を基に「自分はこの学習を通して何が変わったのか」「どのように成長したのか」ということを明らかにするのです。

　最後に、「適用する」プロセスでは、帰属したことを次の学習や生活につなげる活動に取り組みます。このプロセスの活動では、評価結果を基に帰属したことが、どのような教科・場面で活かせるのかについて考え、活かす場面を決めます。このように次の学習で活かすことや活かせる場面を考えることで、これまでの学習で身につけた能力を今後の学習や生活の様々な場面で発揮することができるようになるのです。

　図1は、「振り返る」フェーズの流れを整理した図です。本章では、この図を基にそれぞれのプロセスの詳細について述べていきます。

1　評価するプロセス

評価するプロセス
・評価スキルの発揮

<自己評価>
課題・目標と学習結果を比較し，学習結果の成果と課題について評価する。

◆方法・方略例
ベン図等

<他者評価>
課題・目標と学習結果を評価者に伝えるとともに，学習結果の評価を得るための質問を考え，調査を実施して評価を得る。

◆方法・方略
アンケート
インタビュー等

図2　評価するプロセス

「評価する」プロセスは、自らが行ってきた学習活動を評価するプロセスです。自らの学習活動を振り返る際は、「課題・目標と学習結果を比べる」「うまくいったことは何かを考える」「うまくいかなかったことは何かを考える」の3つのステップで自らの学習を評価します。

学習を評価する際は、まず、学習活動の様子を思い出したり、記述したノートやタブレットPCなどの記録を見直したりして学習の結果を明らかにします。次に、学習結果を課題・目標と比較して自己評価したり、他者に学習の課題・目標と学習結果を伝え、他者からの評価を得たりします。これが「課題・目標と学習結果を比べる」ステップです。そして、次に、このように比較したことを基に、この学習で「うまくいったこと」「うまくいかなかったこと」について考えるステップに入ります。

単元における「評価する」プロセスと1時間の授業における「評価する」プロセスは、評価にかけられる時間が違うことから、取り組む活動も異なります。単元全体を評価する際は、自己評価をした後に、他者評価を実施して、客観的な評価を得ることが大切です。1時間の学習活動を評価する際は、十分に評価する時間を確保することができにくいため、自己評価を中心に評価を行います。自らの学習を自分で評価するのは難しいことですが、繰り返し経験することで、自らをメタ認知する力が高まり、だんだんと正しい評価をすることができるようになります。

①ステップ1：課題・目標と結果を比べる

「評価する」プロセスのはじめは、「課題・目標と学習結果を比べる」ステップです。このステップにおいて取り組んだ学習を自己評価する場合は、「見通す」フェーズで設定した課題や目標が解決・達成したのかということについて考えます。

課題・目標が解決・達成したかを考える際は、ベン図を使って、課題・目標と学習結果

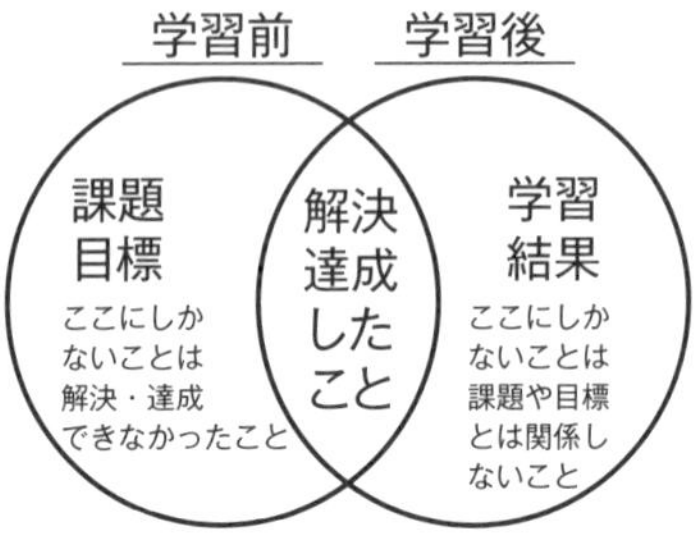

図3　課題・目標と学習結果を比較する際の例

を比較する活動が効果的です。図3はベン図で課題・目標と学習結果を比較する際の例です。まず、取り組んだ単元の課題や目標を、ベン図の左側の円が重なっていない部分に書き込みます。次に、取り組んだ単元で、解決したこと、達成したこと（学習結果）を右側の円の重なっていない部分に書き込みます。このような活動を実施する際には、これまでに書き綴ってきたレギュレイトフォームを参照しながら記述することが効果的です。

このように課題・目標と学習結果を比較する際には、それぞれの時間に記述した自分自身の思いや考えを想起することが非常に重要です。時間が経過すると、そのときに思っていた感情や考えを思い出せなくなってしまいます。そういった意味で、レギュレイトフォームを見返しながらベン図にその単元の成果を整理していくと、これまでの学習の記憶がよみがえり、学習結果に対する評価を明確に行うことができると考えます。

課題・目標と学習結果を記述することができたら、次は、課題・目標と学習結果を比較します。比較する際は、両方に記述されている事柄を線で消しながら、円が重なっている中央に転記していきます。中央に記述された事柄が解決・達成した課題・目標です。そして、左側の課題・目標の部分で消されなかった事柄が、解決・達成できなかった事柄です。また、右側の学習結果の部分で消されなかった事柄が課題・目標にはあげられていなかったけれど、理解できたり、身につけたりすることができた事柄です。

このように、ベン図を使って、レギュレイトフォームを参照しながら丁寧に評価することで、子どもたちは課題・目標と結果をどのように比較すればよいのかということを理解することができます。そして、このような方法を何度か繰り返すことにより、ベン図に書かなくても頭の中で、課題・目標と結果を比較し、短時間で取り組んだ学習について評価することができるようになるのです。

次に、他者評価によって評価を得る場合についてです。このステップでは、他者から評価を得るための準備をします。例えば、アンケートをする際は、タブレットＰＣでアンケートを作成することができるアプリケーションがあるので、それをうまく活用すると、他のクラス・学年の子どもや教職員、保護者、地域の方々などから評価を得ることができます。アンケートを作成する際は、まず他者に評価してもらう学習結果と、学習の課題・目

表２　パンフレットを作成した際に
子どもたちが作成した質問項目

質問番号	質問	回答方法
1	このパンフレットはわかりやすかったですか。	４件法
	その理由を教えてください。	自由記述
2	伏見稲荷についての説明はわかりやすかったですか。	５件法
	平安神宮についての説明はわかりやすかったですか。	５件法
	高芝栄春堂についての説明はわかりやすかったですか。	５件法
	その理由を教えてください。	自由記述
3	京都のことはよくわかりましたか。	５段階評価
4	改善点を教えてください。	自由記述

標を評価者に伝えます。そして、評価者から学習結果の改善に活かせる回答を得ることができるような質問を作成します。

表２は、子どもたちが総合的な学習の時間で、住んでいる地域を紹介するパンフレットを作成し、そのパンフレットの評価を得るために作成したアンケートの質問項目です。質問１、２は、選択肢で回答する質問の後に自由記述で回答する質問を組み合わせています。このように回答方法の異なる質問を組み合わせることで、選択肢で回答する質問で評価者の傾向がわかり、その次の自由記述で回答する質問で、評価者がそのように評価した理由を明らかにすることができます。次に、質問３では、紹介した「京都のことがわかったか」を５段階評価で、改善点を自由記述で聞いています。このように改善点を聞くことで、５段階評価の理由が明らかになるとともに、具体的な改善案を評価者から得ることができると考えら

図4　アンケートを他の子どもが回答する様子

れます。アンケートを作成する際は、Google Form（図4）やMicrosoft Formsを活用すると、様々な質問形態を選択でき、効果的です。その際にどの質問形態を選択するとどのような回答を得ることができるのかということを指導したうえで、アンケートを作成すると、子どもたちは、様々な質問の形態を工夫してアンケートを作成することでしょう。

もう1つの、他者評価の例として、インタビューをして評価を得る場合があります。この場合もアンケートと同様に、評価者に学習の課題・目標を伝えてから、学習結果を示したうえでインタビューを始める必要があります。インタビューをする際も、事前に質問を考えておかなければ、評価者から得たい情報を得ることができません。質問項目を事前に書き出し、それらをフローチャートなどで整理し、「学習結果について聞く質問」や「評価者の回答を基に、評価の理由等を聞く質問」を考えてから、インタビューを実施するよう指導することが大切です。

このように、課題・目標と学習結果を、自己・他者評価することにより、学習内容がどの程度解決・達成できたのかが明らかになるのです。

②ステップ2、3：うまくいったこと／うまくいかなかったことを考える

「評価する」プロセスの次のステップは取り組んだ学習の「うまくいったこと」と、「うまくいかなかったこと」を考え、取り組んだ学習がどうであったのかを評価します。単元を振り返る際のこのステップでは、前ステップで明らかになった自己評価や他者評価の結果を基に、「うまくいったことは何か」「うまくいかなかったことは何か」について考えます。これらは、レギュレイトフォームに記述された1時間1時間の振り返り（p55、図12、G）を読むことを通して導き出すことができます。また、1時間の振り返りをする際は、1時間の学習計画を見ながら取り組んだ活動を想起し、「うまくいったことは何か」、また、「うまくいかなかったことは何か」といった視点で評価します。

評価結果を基に、「うまくいったこと」「うまくいかなかったこと」を明らかにする際は、Think Training の「赤信号・黄信号」（図5）を活用して考えを深めることが効果的です。まず、うまくいったことについては図5右側の「青信号」と書かれた枠に記述していきま

①赤信号	②黄信号	③青信号
うまくいかなかったことは？		うまくいったことは？
改善した方がよいと思うところを書く枠	確認した方がよいと思うところを書く枠	納得いくところを書く枠

図５　うまくいったことと，うまくいかなかったことを考える活動の例

す。次に、うまくいかなかったことについては、どちらかといえばうまくいかず、次回の学習で工夫が必要であると思うことを中央の「黄信号」の枠に書きます。そして、うまくいかなかったことの中でも、特にうまくいかず、今後の活動では、やり方を変えるべきだと思うことを左側「赤信号」の枠に書きます。これらの視点で評価する際は、レギュレイトフォームや課題・目標と学習結果を比較したベン図（図３）を参照しながら「これはうまくいったから青信号」「これはあまりうまくいかなかったから黄信号」「これはうまくいかず時間内に課題を解決することができなかったから赤信号」といったように、色のイメージを基に判断することができるため、学習結果を効率よく評価することができます。

このように学習中の「うまくいったこと」「うまくいかなかったこと」を考えることにより、学習方法や方略が適切であったのかを評価することができるようになるのです。

2　帰属するプロセス

帰属するプロセス
・帰属スキルの発揮

＜自己評価＞
評価結果の理由・原因を考えるとともに，自分自身の変化についても考え，自らの成長に気づく。

◆方法・方略
クラゲチャート等

＜他者評価＞
調査した評価結果の理由・原因を考えるとともに，自分自身の変化についても考え，自らの成長に気づく。

◆方法・方略
クラゲチャート等

図6　帰属するプロセス

「帰属する」プロセスは、「評価する」プロセスで明らかにした「うまくいったこと」と「うまくいかなかったこと」の理由や原因を考えるプロセスです。そして、それらの理由や原因を基に、今後の学習や日常生活の中で活かせることは何かを考えます。したがって、このプロセスでは、「なぜ、うまくいったのか」「なぜ、うまくいかなかったのか」「次に学習に活かせることは何か」の順でステップが進みます。

このプロセスに取り組むうえでの効果的な支援は、「うまくいったこと」「うまくいかなかったこと」の理由や原因を考える際にクラゲチャート（図7）を活用することです。そして、導き出した評価結果の理由や原因から、自分自身がこの学習を通してどのように変容したのかについて考え、それらをリスト化しておくことが、自らの成長を実感し、今後の学習や日常生活につながると考えます。

①ステップ1、2：なぜうまくいった／なぜうまくいかなかったのかを考える

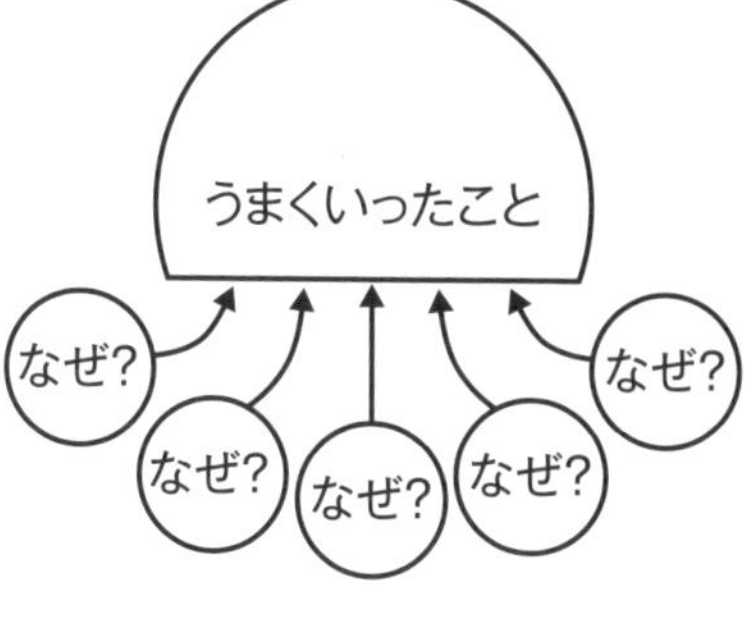

図7　評価の理由や原因を考える例

「帰属する」プロセスのはじめは、「なぜうまくいったのか」「なぜうまくいかなかったのか」について考えるステップです。

前ステップで導き出した評価結果である「うまくいったこと」「うまくいかなかったこと」の理由や原因を考える際は、クラゲチャートを活用して評価結果を分析することが効果的です。分析する際は、「評価する」プロセスで明らかになった評価結果を1つ選び、クラゲの頭の部分に記述します。そして、そのように評価した・評価を受けた理由をクラ

ゲの足に記述していくのです。

この方略では、「うまくいったこと」「うまくいかなかった」ことを一つひとつ別のクラゲチャートに記述して、分析します。単元の振り返りを行う際など、十分に時間を確保することができる際は、すべての評価結果をこのような方略で分析することで、「帰属」スキルが高まり、今後の活動においても主体的に理由や原因を導き出すことができるようになると考えます。そして、何度かこのような活動を経験すると、子どもたちはクラゲチャートを活用しなくても評価結果を分析することができるようになります。また、1時間の振り返りなど、十分な時間を確保することができない場合は、最もうまくいったことや最もうまくいかなかったことを1つずつ選び、そのように考えた理由をレギュレイトフォームに記述しておくとよいでしょう。

加えて、「うまくいかなかったこと」についての理由を考える活動を行う際には、子どもたちがうまくいかなかったことにマイナスの感情を抱いていることが多いことから、うまくいかなかったことを、「自分の能力が低かったから」「自分ができないから」と能力に帰属しないように留意する必要があります。なぜなら、このように能力に帰属をしてしまうと、「どうせやってもできない」「次もできないだろう」と次の学習に対する意欲を下げてしまうからです。

評価結果の理由や原因を考えることがマイナスに働くことを防ぐためにも、うまくいかなかったことは、方法・方略に帰属するように助言することが大切です。〝方法・方略に帰属する〟とは、「この方法で取り組んだことで余計な時間がかかり、目標達成に至らなかった」「取り組んだ方略の効率がよくなかったから課題を解決することができなかった」と考えるようにするということです。このように考えることで、次の時間では「方法を変更して取り組もう」「方略を改善して取り組もう」といったように学習に対する意欲を喚起することにつながるのです。

②ステップ3：活かせることは何かを考える

評価結果を分析した後は、分析結果から次の学習や日常生活に「活かせること」が何かを考えます。1時間の授業を振り返る際は、評価結果の理由や原因を基に、何が今後の学習で活かせるのかを考え、レギュレイトフォームの「振り返り」の枠に記述します。そして、次の時間にその枠に書かれた「活かせること」を参照して目標を設定するよう指導す

うまくいったこと	うまくいった理由	活かせるところ
・インターネットを使って情報をたくさん集めることができた。 ・文章に自分の考えを入れて書くことができた。 ・教科書から必要な情報をたくさん集めることができた。	・キーワードを短く，スペースを開けて複数入れて検索したから。 ・ピラミッドチャートを使って，文章を書く前に情報を整理したから。 ・教科書に線を引きながら読んだから。	・社会，国語 ・文章を書くとき ・文章から大切な言葉を探すとき
うまくいかなかったこと	**うまくいかなかった理由**	**活かせるところ**
・グループでの話し合い。 ・たくさん計算をまちがえてしまった。	・グループで話し合うときに積極的に話すことができなかったから。 ・計算するときに，きっちりと整理しながら書いていなかったから。	・グループ活動 ・計算，下書き

図８　学習振り返りリスト例

ることで、学習の連続性が生まれるのです。

また、単元を振り返る際は、分析結果から次の学習や日常生活に活かすことができると考えられる理由や原因を抽出し、「うまくいったこと」「うまくいかなかったこと」を分けてリスト化しておくことがよいと考えます。そして、このリストには、１つの単元の分析結果だけを記述するだけでなく、分析を行ったすべての教科・領域の結果を記述していくようにします（図８）。このように、分析結果を集約することで、リストに記述された情報が自分自身の学習履歴となり、学習計画を作成する際に活用することができます。また、このようにリスト化した際に、自分自身の変容について考える時間を取れば、自らの成長を実感することにもつながります。

3 適用するプロセス

適用するプロセス
・適用スキルの発揮

分析結果を基に今後に活かすことを決める。

どんな教科・場面で活かせるのかについて考える。

活かす場面を決める。

◆方法・方略
座標軸，レギュレイトフォーム等

図9　適用するプロセス

「適用する」プロセスでは、「帰属する」プロセスで明らかにした「活かせること」の中から、今後の単元で「活かすこと」を決めます。そして、どのような教科・場面で活かすことができるのかについて考え、活かす場面を決めていきます。

活かす場面を決める際は、今取り組んでいる単元の内容が次の単元につながる場合、「振り返る」フェーズの「適用する」プロセスと、「見通す」フェーズの「目標を設定する」プロセスを一緒に行うことが効率的です（図10、②）。また、今取り組んでいる単元の内容が次の単元につながらない際は、レギュレイトフォームの振り返りの枠に「活かせること」を記述したり、学習振り返りリスト（図8）の「活かせるところ」の枠に、どのような教科・場面で活かせるのかを記述しておきます。そして、単元の「目標を設定す

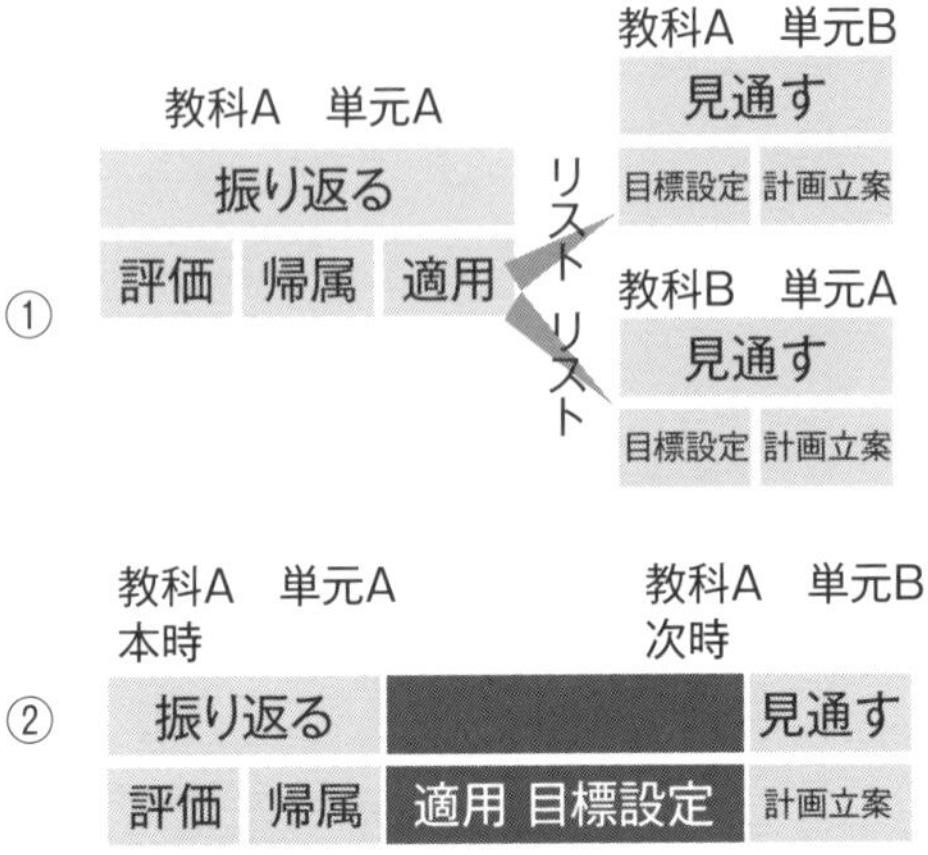
①
教科A　単元A
振り返る
評価
帰属
適用
リスト
リスト
教科A　単元B
見通す
目標設定
計画立案
教科B　単元A
見通す
目標設定
計画立案
②
教科A　単元A
本時
振り返る
評価
帰属
適用 目標設定
教科A　単元B
次時
見通す
計画立案

図10　適用するプロセスのパターン

る」プロセスで、レギュレイトフォームや学習振り返りリストを参照しながら、目標を設定すると、「振り返る」フェーズで明らかになったことが、次の単元に活かされて、学習の連続性が生まれるのです。

　このように単元を「振り返る」フェーズでは、振り返ったことで明らかになったことを、どの教科のどのような場面で活かすのかということまで考える時間を取ることが重要です。そのようなことを考える時間を設定することで、「振り返り」で明らかになった成果や課題が、同じ教科の次の単元や他の教科の単元、そして日常生活に活かされていくのです。

　また、1時間の授業の「振り返る」フェーズでは、「評価する」プロセス、「帰属する」プロセス、「適用する」プロセスを、時間をかけてじっくりと取り組むことができません。

　したがって、単元を「振り返る」フェーズでこれらのプロセスを経験し、そこで取り組んだことを頭の中で行うことができるよう、様々な教科・領域で振り返る経験を積み重ねる必要があります。「適用する」プロセスは、「評価・帰属する」プロセスを通して明らかになったことを、次の時間の目標に結びつける本時と次時の橋渡しとなるプロセスであることから、子どもたちが帰属するプロセスで書いた事柄を、次の時間の「目標を設定する」プロセスで意識することができるように指導・支援することが大切です。

このように「適用する」プロセスは、単元においても1時間の授業においても、次の単元・授業の目標や計画に影響を及ぼすプロセスでなければならないのです。

①ステップ1、2：活かせることを分類する／活かすことを決める

「活かせることを分類する」ステップでは、「帰属する」プロセスで明らかになった「分析結果（活かせること）」から、それらを今後の授業や生活で活かしていくために分類し「活かすこと」を決めていきます。

「活かせること」から今後の学習に「活かすこと」を決める際は、シンキングツールの座標軸を活用することが効果的です。図11が、「活かせること」を分類する際に効果的な

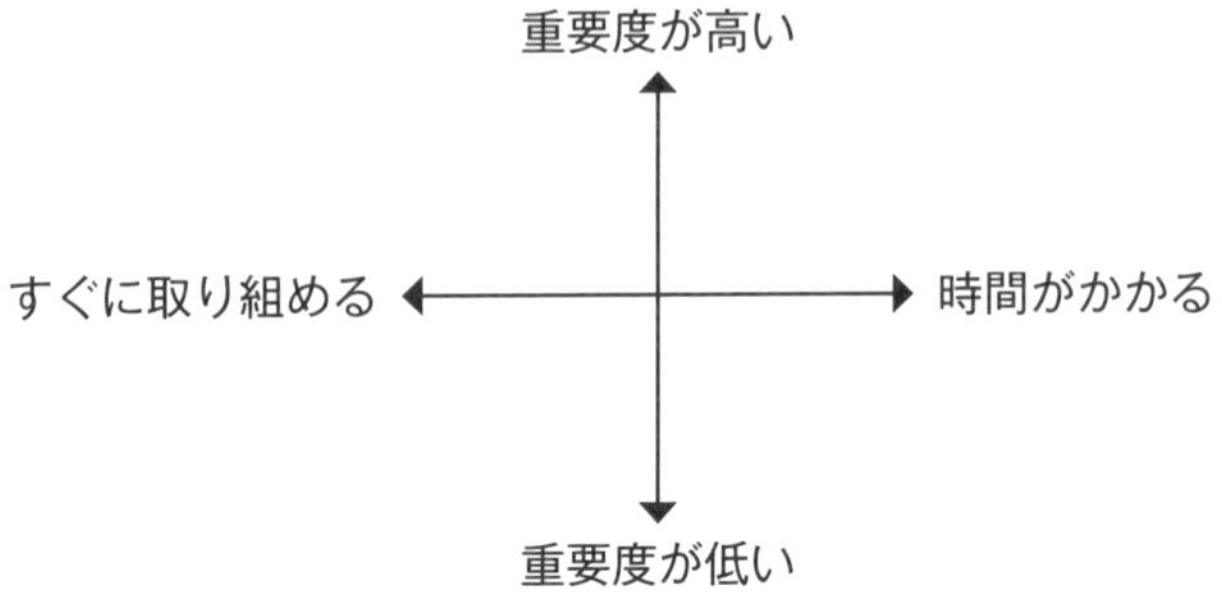

図11　「活かすこと」を決める際に効果的な座標軸例

座標軸例です。この座標軸では、前プロセスの分析結果である「活かせること」が「すぐに取り組める」ことか、また、「取り組むのに時間がかかる」ことなのかを、分類するための軸を横軸に設定しています。そして、「活かせること」の重要度が「高い」か「低い」かを、分類する軸を縦軸に設定しています。このような2軸で、「活かせること」を分類することにより、それらの優先順位を明らかにすることができます。

図12は、総合的な学習の時間で6年生の子どもが地域を紹介する動画を作成し、その動画の改善に「活かせること」を分類した際の座標軸です。この実践では、今取り組んでいる単元の内容が次の単元につながる実践でした（図10、②のパターン）。この実践で子どもたちが整理した座標軸では、ほとんどの「活かせること」が上段の改善の必要性が高い領域に分類されていました。この

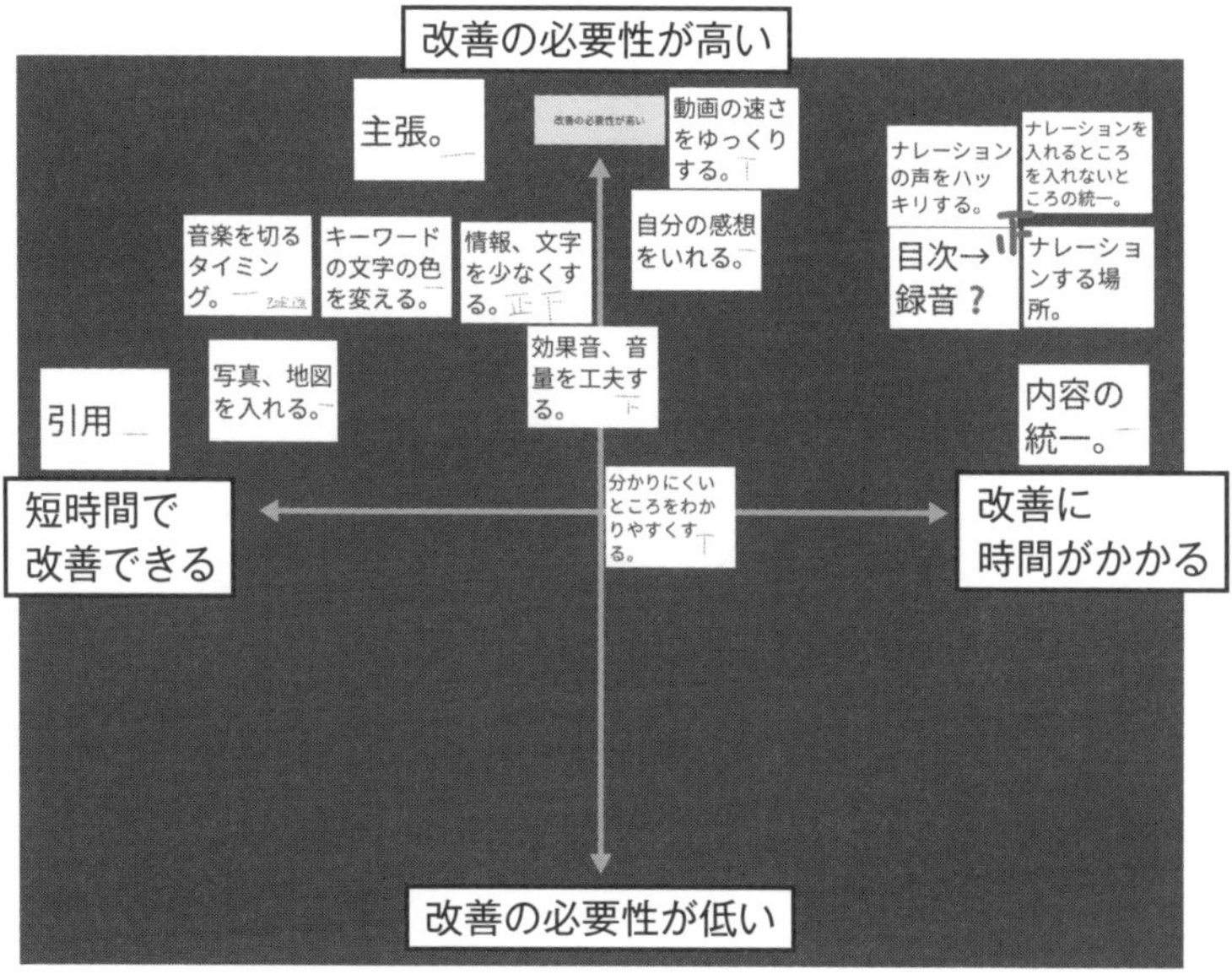

図12　活かせることを座標軸で検討した様子

分類を見れば子どもたちが、引用を動画に入れること（図12、左）は重要で、短時間で修正できると判断したことがわかります。また、ナレーションについての修正（図12、右上）は、とても重要であると考えている一方で、修正することに長い時間を要すると判断していることがわかります。このような判断が、次の単元に「活かすこと」を決める際に有効であると考えます。

座標軸に整理した後は、今後の学習で実際に「活かすこと」を決めます。「活かすこと」を決める際は、時間の軸、重要度の軸での分類を基にしながら実行する事柄に印をつけたり、実行する順に番号をつけたりして、決めることがよいでしょう。

図12の例は、子どもたちが作成した動画を評価し、次の単元で改善するという流れだったので、取り組んだ単元と今後取り組む単元の内容につながりがあり、「活かせること」を分類しやすかったと考えられます。このように、内容の関連性が高い、単元をつなげる際は、座標軸による分類が大変効果的であると考えます。

②ステップ3：活かす場面について考える

最後の「活かす場面について考える」ステップでは、これらのプロセスで導き出した「活かすこと」をどのような教科・領域、日常生活の場面で活かしていくのかについて考えます。

1時間の授業においては、次の時間の学習計画を確認しながらどの活動で活かすことができるのかを考えることで、「活かす場面」が明らかになります。これは図10の②のパターンにあたります。

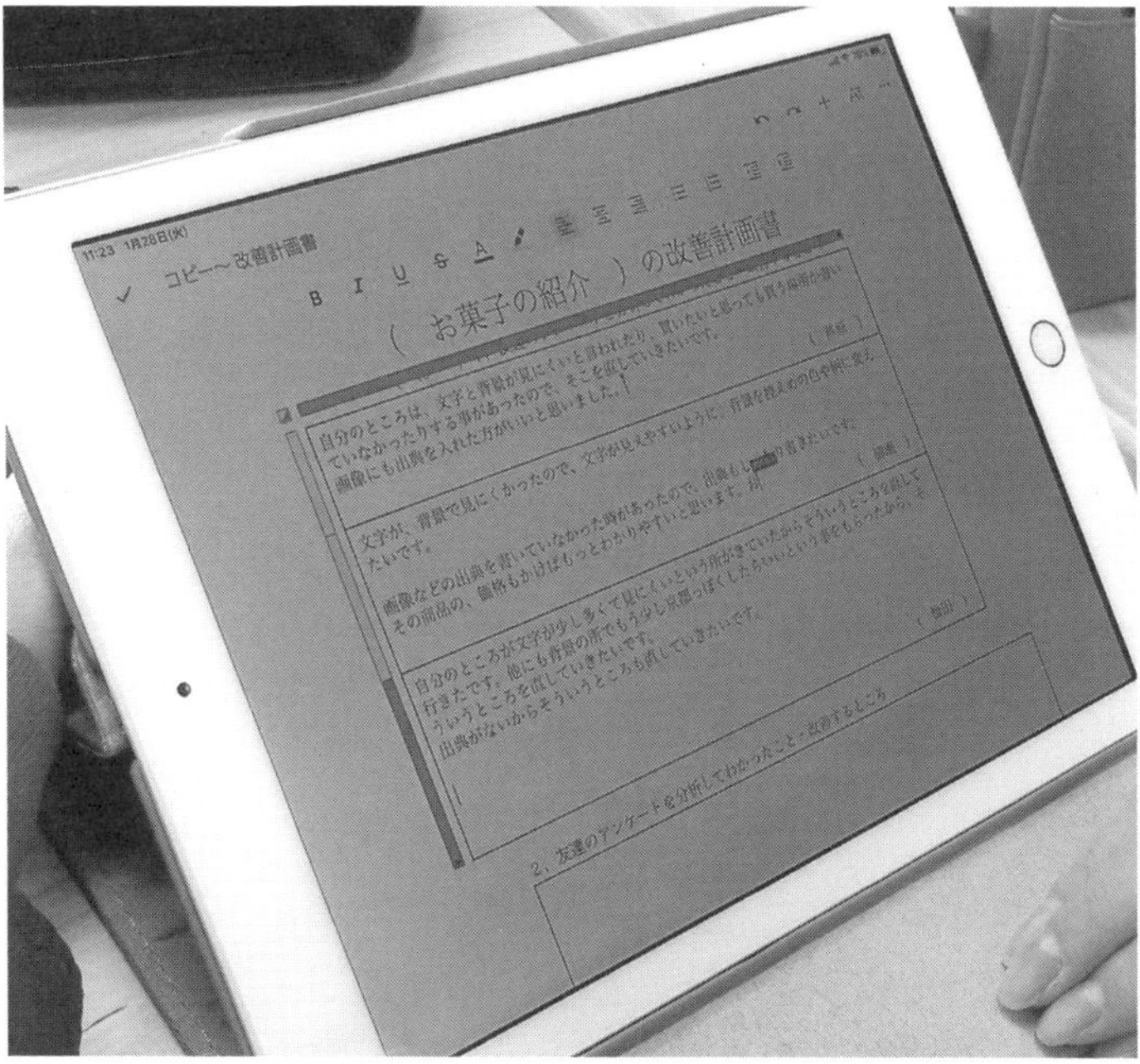

図13 「活かすこと」を記述した、次の単元の計画表

また、単元の場合では、「帰属する」プロセスで作成・記述した学習振り返りリスト（図8）を確認し、「活かす場面」の欄に、教科や学習活動を追記していくことで活かす場面が明らかになります。このように、リストを参照して、前の単元で明らかになった「活かすこと」を、次の単元につなげるパターンが図10の①にあたります。

　図13は、座標軸で明らかにした「活かすこと」を基に作成した単元の計画表です。

図13のように、次の単元に活かすことの計画表を作成することで、学習内容を次の単元に引き継ぐうえで効果的な支援になります（図10、②）。この例は、表に、すべきことを書き込む書式ですが、レギュレイトフォームを活用することも効果的であると思います。

このように、今後の学習や日常生活に「活かすこと」を明確にしておくことで、学習したことがその後の単元にうまく引き継がれ、子どもたちが主体的に学びを進めていくことにつながっていくと考えます。このような学習のサイクル、連続性を構築していくことが学びを自己調整するうえで極めて重要です。そして、これらが様々な学習で繰り返されることで、子どもたちは自己調整学習者となり、主体的に学ぶことができるようになるのです。

第4章 自己調整学習のための教材と学習モデル

第4章では、第1～3章の根拠となった教育実践研究を基に、自己調整学習の実践について考えていきます。これまでの内容を理論的に深めたい方におすすめの内容です。

具体的には、自己調整学習の理論を基に、日本の学校教育で子どもたちが学習を調整しながら学ぶことを目指して開発した教材及び学習モデルについて紹介します。

1つは、子どもたちの自己調整学習を支援する教材として開発した「レギュレイトフォーム」の効果を明らかにした教育実践研究です。この研究では、小学校6年生の子どもたちにレギュレイトフォームを配付し、社会科の授業で、単元を通して本フォームを活用して学んだことによる効果について検討しています。

もう1つは、「振り返る」フェーズから「見通す」フェーズのつながりを明らかにするために開発した学習モデル「Self-reflection モデル」についての教育実践研究です。この研究では、小学校6年生の子どもたちが授業で創出したパンフレットを評価・分析し、その結果を基に改善した授業実践について検討しています。

1　子どもたちが学習を調整するための学習計画表『レギュレイトフォーム』

子どもたちの主体的な学びを実現するために、自己調整スキルの育成を促す学習計画表（レギュレイトフォーム）を開発しました。そして、レギュレイトフォームに授業の目標や振り返りを記述する実践を実施しました。本章第1節では、この実践を通して、レギュレイトフォームを活用して学ぶことが、子どもたちの自己調整スキルの発揮を促したのかについて検討します。

①研究の目的とレギュレイトフォームを用いた授業実践

この教育実践研究の目的は、レギュレイトフォームに「本時の目標」と「振り返り」を記入する学習活動が、自己調整スキルの育成を促したかについて明らかにすることです。

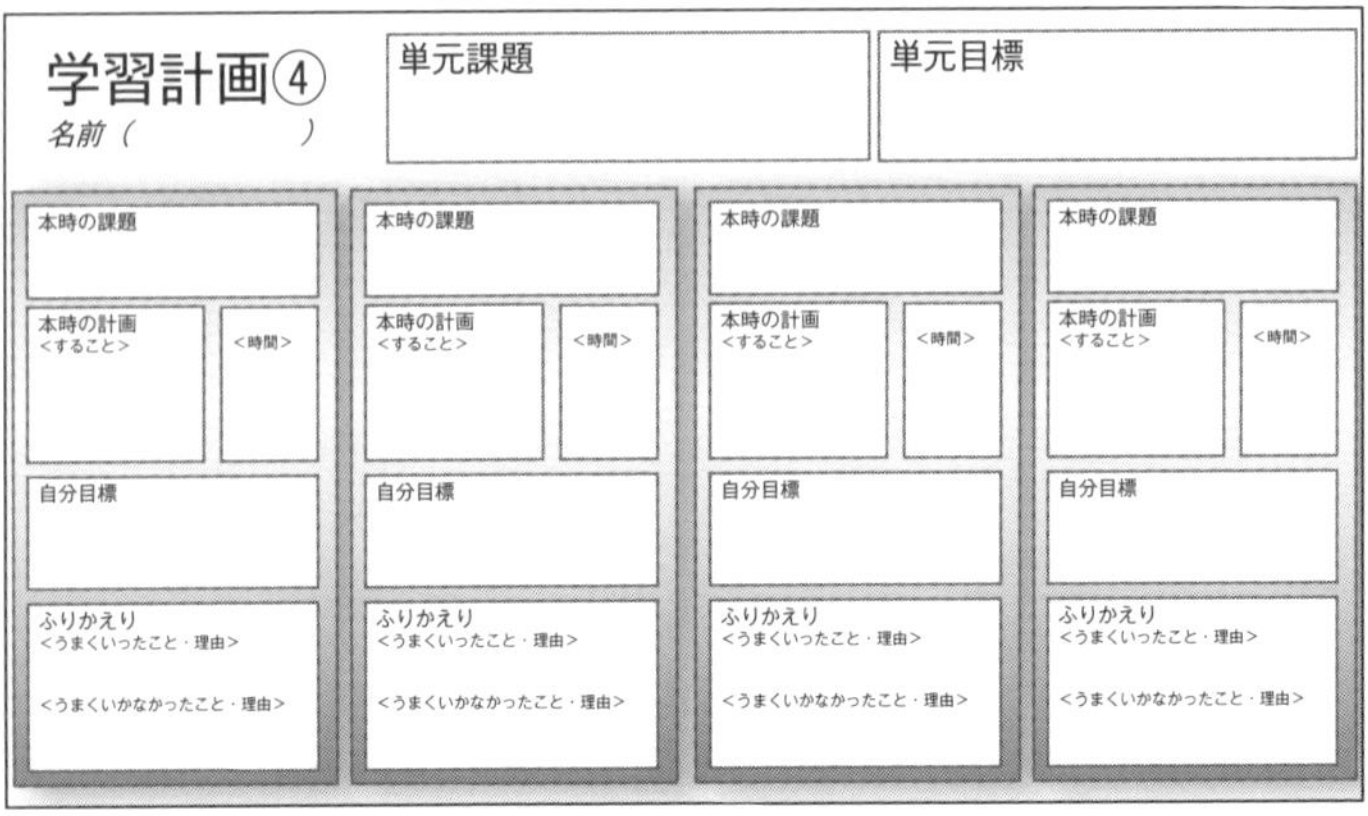
学習計画④
名前（　　　）
単元課題
単元目標
本時の課題
本時の計画
<すること>
<時間>
自分目標
ふりかえり
<うまくいったこと・理由>
<うまくいかなかったこと・理由>

図1　レギュレイトフォーム例

また、本フォームの効果的な活用方法について検討することでもあります。

図1は、本研究において4時間の単元を想定して開発したレギュレイトフォーム例です。本フォームには、単元の課題・目標、学習計画、本時の目標、振り返りを記述するための枠を図1のように配列しました。

本フォームを活用した授業実践については、単元のはじめの時間に、タブレットPCで作成した本フォームを子どもたち一人ひとりの端末に配付し、「単元課題・目標」「本時の課題・計画」を記述するように指導しました。そして、次時からは、授業の導入段階に「本時の目標」を、まとめの段階で「振り返り」を記述するようにし、授業終了後に本フォームを教師に提出するようにしました。

教師は提出された本フォームを次の授業までに確認し、自己調整スキルが発揮されていると考えられる記述に下線等を記入して認めたり、次回の授業の導入時に紹介したりして学習を調整することに対する意識を高めました。

実践初期には、教師が本フォームを記述する意味を子どもたちに伝え、それぞれの項目における自己調整スキルに関連した書き方を解説しました。実践中期には、子どもたちが本フォームに記述した事柄をクラス全体で共有したり、目標や振り返りを記述する際に個別支援を行ったりして、本フォームを活用して学習を調整することができるように指導・支援を行いました。実践後期には、タブレットPCの回答を全員に共有する機能を用い、他者の学習計画をいつでも参照することができるようにして、子どもたち同士でレギュレイトフォームの記述を交流するように促しました。

②研究の方法

小学校6年生の1学級を対象に研究を実施しました。本学級では、社会科で年間を通してレギュレイトフォームを活用する授業実践を実施していたこともあり、学級に所属する子どもたち全員（19名）を研究対象としました。

レギュレイトフォームを分析する単元は、「江戸幕府と政治の安定（6時間）（以下江戸と表記）」「明治の国づくりを進めた人々（7時間）（以下明治と表記）」「長く続いた戦争と人々のくらし（4時間）（以下昭和と表記）」の3単元です。なお、対象単元の実践期間は2021年10～12月の3か月です。

この3単元を研究対象としたのは、子どもたちが本フォームを記述する意味や記述方法等を理解したと判断できる時期に実施された単元だったからです。ただ、これらの単元は、連続して実施された単元ではありません。その理由は、単元の進行が学校行事等で途切れず、進行中に長期欠席をする子どもがいなかった単元を選択したからです。このような研究の限界による単元選択の理由から配当時間に差が生じましたが、本研究では、1時間ごとの目標と振り返りの記述を基に自己調整スキルの育成について検証することから、単元の時間配分の長短はそれぞれの分析に大きな影響を及ぼさないと考え、研究を進めました。

また、対象とする自己調整スキルの下位項目を「適用」スキル、「目標設定」スキル、

「評価」スキル、「帰属」スキルとしました。これらのスキルを対象としたのは、「適用」スキルが前時の学習を本時に活かすスキルであること、「目標設定」スキルが課題を基に目標を設定するスキルであること、「評価」スキルが学習結果と目標を比較し、自ら評価（成果や課題を判断）するスキルであること、「帰属スキル」が成果や課題の理由や原因を導き出すスキルであり、本フォームの開発目的と一致することから、これら4つのスキルを研究の対象としました（SCHUNK and ZIMMERMAN, 1998）。

　次に、分析の方法についてです。本研究では、「適用・目標設定」スキルの育成が促されたかを検証する際に、「本時の目標」に前時の振り返りを根拠にして目標が記述されていたか（「適用」スキル）、本時の課題や学習計画を基に目標が記述されていたか（「目標設定」スキル）を規準に検証します。次に、「評価・帰属スキル」の育成が促されたかを検証するために「振り返り」の記述で、自らが記述した目標について「うまくいったこと」「うまくいかなかったこと」の視点が記述されていたか（「評価」スキル）、「うまくいったこと・いかなかったこと」の理由や原因が記述されていたか（「帰属」スキル）を規準に検証します。

「本時の目標」や「振り返り」の自己調整スキルに関連する記述数を基に、本教材を活用したことが自己調整スキルの育成を促したかを判断します。これは、子どもたちが目標や振り返りを、単元目標や学習計画、本時の目標、前時の振り返りを基に記述するため、記述事項が学習内容を達成するための方法に着目され、単元の内容に対する興味の程度で記述事項に差異が生じるものではないと判断したからです。

これらの判断を踏まえ、本分析では「本時の目標」と「振り返り」の記述の中に自己調整スキルの育成が促されたと判断できる記述が確認された場合を1件とカウントすることとします。したがって、1時間の「本時の目標」「振り返り」ですべての自己調整スキルが発揮された場合は4件となります。自己調整スキルの育成が促されたとカウントする際は、子どもたちの記述内容を十分吟味し、該当する自己調整スキルが育成されているかを確認したうえで1カウントとします。例えば、「帰属」スキルおいては「うまくいった」「うまくいかなかった」理由や原因が、妥当な内容で記述されているかをもって判断をします。その際に記されている事柄が取り組んだ学習活動を適切に評価しているかを吟味したうえで「帰属」スキルの育成が促されたとしてカウントします。

次に、分析で得た件数の平均の割合を単元ごとに算出し、対象者内計画の一元配置分散

表1　単元ごとの自己調整スキル記述数の平均と標準偏差

単元	*N*	*Mean*	*SD*
江戸	19	55.8	12.1
明治	19	54.8	13.9
昭和	19	51.0	12.4

表2　単元ごとの自己調整スキル記述数の分散分析表

要因	*SS*	*df*	*MS*	*F*
条件	6837	18	379.8	
単元	248.0	2	124.0	1.8 *n.s.*
誤差	2550	36	70.8	
全体	9635	56		

$^{**}p<.01$

分析を行います。そして、分析の結果、単元ごとの自己調整スキルの記述数を比較し、単元ごとの平均値に有意な差がないことをもって、本フォームに記述することが自己調整スキルの育成を促したと判断することにします。また、単元ごとに自己調整スキルの下位項目の平均値を算出するとともに、対象者内計画の一元配置分散分析を行いスキルごとに記述数を比較することを通して、本フォームがどのような自己調整スキルの育成に効果を発揮したのかについて検討します。

③レギュレイトフォームの活用効果

表1は、単元ごとの自己調整スキルの記述数の平均と標準偏差、そして、表2はそれらの分散分析表です。表2のように、それぞれの単元の自己調整スキルの記述数の平均に有意な差はありませんでした（F（2, 36）=1.8 n.s.）。

表３　自己評価スキルごとの記述数

自己調整スキル	江戸			明治			昭和		
	N	*Mean*	*SD*	*N*	*Mean*	*SD*	*N*	*Mean*	*SD*
適用スキル	19	36.0	19.7	19	41.4	20.1	19	27.6	21.3
目標設定スキル	19	89.5	15.5	19	83.4	15.6	19	90.8	14.5
評価スキル	19	75.4	24.4	19	81.2	19.1	19	68.4	25.4
帰属スキル	19	18.4	18.6	19	17.3	13.6	19	17.1	23.0

表４　自己評価スキルごとの分散分析表

要因	江戸				明治				昭和			
	SS	*df*	*MS*	*F*	*SS*	*df*	*MS*	*F*	*SS*	*df*	*MS*	*F*
条件	14756.5	18	819.8		11145.2	18	619.2		11644.7	18	646.9	
自己調整スキル	62792.5	3	20930.8	75.0 **	58878.4	3	19626.1	91.2 **	68051.0	3	22683.7	52.5 **
誤差	15092.5	54	279.5		11622.6	54	215.2		23355.3	54	432.5	
全体	92641.5	75			81646.1	75			103051.0	75		

**p<.01

表５　多重比較の結果

江戸		明治		昭和	
適用＜目標設定	＊	適用＜目標設定	＊	適用＜目標設定	＊
適用＜自己評価	＊	適用＜自己評価	＊	適用＜自己評価	＊
適用＞帰属	＊	適用＞帰属	＊	適用＝帰属	n.s.
目標設定＞自己評価	＊	目標設定＝自己評価	n.s.	目標設定＞自己評価	＊
目標設定＞帰属	＊	目標設定＞帰属	＊	目標設定＞帰属	＊
自己評価＞帰属	＊	自己評価＞帰属	＊	自己評価＞帰属	＊
（*MSe* ＝279.49, ＊ p ＜ .05）（*LSD* ＝10.87）		（*MSe* ＝215.12, ＊ p ＜ .05）（*LSD* ＝9.54）		（*MSe* ＝432.50, ＊ p ＜ .05）（*LSD* ＝13.52）	

次に、表3は、自己調整スキルごとの記述数の平均と標準偏差、そして、表4はそれらの分散分析表です。江戸、明治、昭和の単元で記述された自己調整スキルごとの分散分析の結果、条件の効果は有意でした（F（3, 54）=75.0, p<.01）（F（3, 54）=91.2, p<.01）（F（3, 54）=52.5, p<.01）（表4）。LSD法を用いた多重比較によれば（表5）、江戸の単元の各条件の平均の大小関係は、「適用＜目標設定、適用＜自己評価、適用＜帰属、目標設定＞自己評価、目標設定＞帰属、自己評価＞帰属」でした（MSe=279.5, 5％水準）。次に、明治の単元の各条件の平均の大小関係は、「適用＜目標設定、適用＜自己評価、適用＞帰属、自己評価＝目標設定、目標設定＞帰属、自己評価＞帰属」でした（MSe=215.1, 5％水準）。最後に、昭和の単元の各条件の平均の大小関係は、「適用＜目標設定、適用＜自己評価、適用＝帰属、目標設定＞自己評価、目標設定＞帰属、自己評価＞帰属」でした（MSe=432.5, 5％水準）。

これらの結果を基に、単元ごとの自己調整スキルの記述数の結果から考察します。子どもたちに本フォームを配付し、授業の導入時と授業の終末に、「本時の目標」や「振り返り」を記述する活動を実施することで、子どもたちは自己調整スキルについて記述しており、目標・振り返りの50％以上でこれらのスキルについての記述が見られました。このことから、本フォームを配付し、継続して「本時の目標」や「振り返り」を記述したことが子どもの自己調整スキルを育成することを促したと考えられます。

また、子どもたちが、本フォームに取り組む活動の様子からは、回数を重ねるごとに、目標や振り返りを書くことが習慣化し、教師の指示がなくとも授業が始まれば主体的に本時の目標を書いたり、授業の終了時刻が近づくと、自ら振り返りを書いたりする姿が見られるようになりました。

このような姿から本フォームを継続的に活用することで、自己調整スキルの育成を促す学習活動が習慣化され、これらのスキルを育成することにつながると考えられます。

次に、それぞれの単元における自己調整スキルごとの記述数の結果から考察します。「目標設定・自己評価」スキルについては多く記述されているものの、「適用・帰属」スキルについてはあまり記述されていませんでした。

中でも「目標設定」スキルは、２つの単元で最も記述数が多かったです。これは、本フォームに「本時の目標」という目標を記述する枠があったことで「目標設定」スキルに対する記述を促したと考えられます。この枠に子どもたちが記述した事柄を見ると、単元の導入時に、本フォームに記述した単元目標や、本時の課題、学習計画を基に本時の目標を記述しており、本フォームの書式が「目標設定」スキルの育成を促す構成になっていたと考えられます。

また、次に記述数が多かった「評価」スキルも、本フォームの「振り返り」を記述する枠に「うまくいったこと」「うまくいかなかったこと」と示されていたことにより、「本時の目標」に記述した内容と学習結果を比較して、自らの学習の成果と課題を記述することを促したと考えられます。このような子どもたちの記述から本フォームが「評価」スキルに対する記述を促す構成になっていたと考えられ、本フォームには「目標設定・評価」スキルの育成を促す効果があると考えられます。

反面、「適用・帰属」スキルについての記述は、すべての単元において多くありませんでした。このことについては、本フォームに「本時の目標」と示されていたことから、単元目標や学習計画を基にして目標を書くことだけが意識化されてしまったのではないかと考えられます。

また、「振り返り」の枠についても「うまくいったこと」「うまくいかなかったこと」と記述されていたため、子どもたちの思考が学習を評価することだけに限定され、理由や原因を考え、記述することに至らなかったのではないかと考えられます。この点についての課題を解消するために、これらのスキルについての記述が多かったA児のフォームを分析すると、目標や振り返りの枠に、教科内容や時間配分、学習方法などの多岐にわたる具体的な記述がなされ、それらの記述に連続性がみられました。

このことから目標や振り返りをつなげ、具体的に記述するよう指導することで「帰属・適用」スキルの育成を促すことができるのではないかと考えられます。

※本節は、木村明憲、黒上晴夫「自己調整スキルの育成を促すレギュレイトフォームの効果」（日本教育工学会論文誌　第46巻　Suppl.号）を編集した内容です。

2 「振り返る」フェーズから「見通す」フェーズに向かうSelf-reflectionモデルの開発

本節では、自己調整学習の「Self-reflection」「Forethought」の理論を援用して開発した、Self-reflectionモデルについて紹介します。

本モデルは、自己調整学習の理論を基に、日常の学校教育で援用することができるSelf-reflectionモデルの学習プロセスを作成しました。次に開発したモデルの効果を検証するために小学校6年生の子どもたちを対象に授業実践を実施しました。そして、子どもたちが他の学級の子どもたちや保護者に対して実施したフィードバック・フォーム（他者から評価を得るために作成するデジタルでのアンケート）の回答結果、回答結果を分析した座標軸・改善計画書・改善前と改善後の創造物（パンフレット）からデータを収集し、開発したSelf-reflectionモデルの効果を検証します。

表1　Self-reflection モデルを基にした実践計画

Self-reflection モデルのプロセス	振り返る			見通す	
学習活動	A．評価する	B．分析する		C．目標・計画を立てる	
Self-reflection モデルを基にした実践の計画	フィードバック・フォームを作成し，評価を得る。	フィードバックの評価結果を分析する。		評価結果を基に，学習目標を設定し，改善計画を立てる。	
自己調整スキル	評価	帰属	適用	目標設定	計画立案
自己調整スキルを発揮する姿の定義	学習目標と結果を比較し，「うまくいったところ」と「うまくいかなかったところ」を明確にする。	評価結果を基に「なぜ，うまくいったのか」「なぜ，うまくいかなかったのか」といった理由及び原因を導き出す。	次の時間に活かすことを明確にする。	学習目標を以前の学習や本時の課題を基に設定する。	学習目標をどのように達成するかについての方法・方略を決める。

①研究の目的とSelf-reflection モデルを基にした授業実践

本研究では、Self-reflection モデル（表1）の学習プロセスで学んだ子どもたちが自己調整スキルを発揮して、学習を進めることにつながったかを、それぞれの活動ごとに導き出した改善案と修正事項の関連を分析することを通して検証します。そして、それらの結果を踏まえて、活動内容や学習方法を具体化したSelf-reflection モデルを提案します。

Self-reflection モデル

本研究で開発したSelf-reflection モデルの特徴は、SCHUNK and ZIMMERMAN（1998）が記している自己調整学習の「Self-reflection（振り返る）」フェーズから、

「Forethought（見通す）」フェーズへのつながりを明確にしたことです。

また、本研究では、日常の学校教育で援用することができる学習モデルを開発することが目的であるため、モデル内に示している文言を、小中学校の教員にとってわかりやすく、馴染みのある言葉で示しています。具体的には、「Self-reflection」を「振り返る」フェーズとし、そこで実施する活動を「評価する」「分析する」としました。また、「Forethought」を「見通す」フェーズとし、そこで実施する活動を「目標・計画を立てる」としました。さらに、それぞれの活動で発揮する自己調整スキルを、「評価」「帰属」「適用」「目標設定」「計画立案」としました。このようにフェーズやスキルの名称を、学校現場に馴染みのある文言に置き換えることで、教員が本モデルを援用し、日常の授業実践に取り入れやすくなると考えました。なお、このように開発した本モデルは、「振り返る」フェーズで明らかになった評価結果が、「見通す」フェーズ以降で行う活動に継承されることからSelf-reflectionモデルと名づけることにしました。

本モデルを基に実施した授業実践は、研究対象校が独自に設定する情報活用能力を育成する教科の「私たちの町の魅力を発信しよう」の単元で行いました。本単元では、子どもたちが住む町の魅力について考え、町の魅力として伝えたい場所、伝えたい対象、伝える方法を決め、創造物（パンフレット、リーフレット、ポスター、ウェブサイト、紹介動画など）を協働（1グループ3名）で作成・発信する単元の構想でした。

本単元を実施する際には、伝えたいことが対象にわかりやすく伝わる創造物を作成することと、伝えようとするメディアの特性を生かした創造物に仕上げることを目標として子どもたちに共有しました。また、これらの目標を達成するために、創造物を評価し、評価結果を分析する活動を通して、改善する流れで学習を進めることが効果的であると考え、このような単元を構想しました（表1）。

本研究では、本モデルの活動に該当する自己調整スキルとして「評価」「帰属」「適用」「目標設定」「計画立案」スキルに焦点を絞り、「A　評価する」「B　分析する」「C　目標・計画を立てる」の活動でこれらのスキルが発揮されたかを検証します。

それぞれのプロセスで自己調整スキルが発揮されたかを検証するにあたり、これらのスキルの定義を自己調整学習の理論（SCHUNK and ZIMMERMAN, 1998）を基に明確にしておきます。

まず、「A　評価をする」活動で発揮されると考えられる「評価」スキルを、「学習目標と学習結果を比較し、『うまくいったところ（成果）』と『うまくいかなかったところ（課題)』を明確にするスキル」とします。また、「評価を得るために、フィードバック・フォームを作成・実施し、そこから得た結果を基に学習の成果と課題を明確にするスキル」も「評価」スキルに該当するとします。

次に、「B　分析する」活動で発揮されると考えられる「帰属」スキルを、「評価結果を基に『なぜ、うまくいったのか』、『なぜ、うまくいかなかったのか』といった理由及び原因を導き出すスキル」とします。また、「他者からの評価結果を基に、他者がなぜこのように評価したのかを考え、理由を導き出すスキル」も「帰属」スキルに該当します。そして、同じBの活動で発揮されると考えられる「適用」スキルを、「『評価』スキルを発揮して明確になった成果・課題と、「帰属」スキルを発揮して明確になった理由・原因から、次の時間に活かすことを明確にするスキル」とします。

最後に、「C　目標・計画を立てる」活動で発揮されると考えられる「目標設定」スキルを「学習目標を以前の学習や本時の課題を基に設定することができるスキル」、「計画立案」スキルを「目標を基にどのような方法・方略で学習を進めるのかを決め、学習の見通しを明確にするスキル」とします。

Self-reflection モデルでの実践

実践では、単元のはじめに、単元計画を子どもたちと共有しました。そして、子どもたちがその単元計画を参照しながら、Google カレンダーに今後の学習の予定を入力し、グループで予定を共有しました。

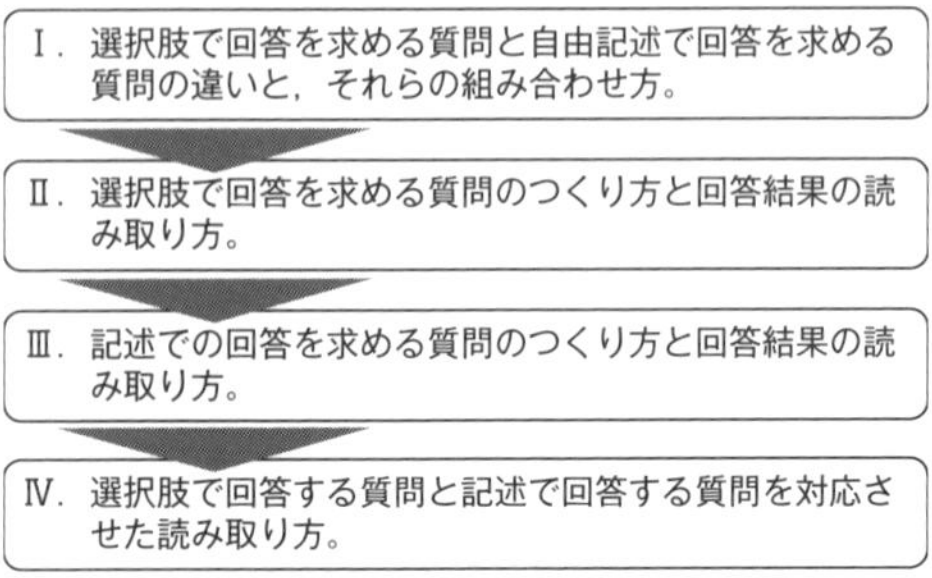
Ⅰ．選択肢で回答を求める質問と自由記述で回答を求める質問の違いと，それらの組み合わせ方。
Ⅱ．選択肢で回答を求める質問のつくり方と回答結果の読み取り方。
Ⅲ．記述での回答を求める質問のつくり方と回答結果の読み取り方。
Ⅳ．選択肢で回答する質問と記述で回答する質問を対応させた読み取り方。

図１　フィードバック・フォームの作成についての指導内容と順序

本モデルでの実践は、はじめに創造物のフィードバックを得るためにフィードバック・フォームを作成しました（表1、A）。この時間の具体的な活動の流れは図1のとおりです。まず、Ⅰの活動で「選択肢で回答を求める質問は、回答の傾向をつかみやすいが、具体的な改善点がわかりにくい」こと、また「自由記述で回答を求める質問は、改善点はわかりやすいが、回答の傾向をつかむことが難しい」こと、そして「これらの質問を組み合わせることにより、創造物に対する回答者の評価の傾向と具体的な改善点をつかみやすくなる」ことを指導しました。

Ⅱでは、選択肢で回答を求める質問のつくり方として、「回答者が選択肢の中から1つを選ぶ質問」「複数を選ぶ質問」と「選択肢の段階を数値で回答する質問（例：5段階評価）」などの様々な様式があることについて指導しました。フィードバック結果の読み取り方については「肯定的回答」と「否定的回答」として傾向を見ることができることや、回答を点数化し、平均値を算出して質問項目を比較できることを指導しました。

Ⅲでは、自由記述での回答を求める質問のつくり方として、質問の範囲を絞ったり限定したりすることで改善点が明確になりやすくなるということを指導しました。フィードバックの読み取り方については、「文章で書かれている回答は意味単位ごとに分割する」ことと、「類似する回答を分類し、分類ごとにカウントする」ことで回答の傾向が明らかになることを指導しました。

Ⅳでは、選択肢での回答と自由記述での回答とを対応させて考察することを指導しました。具体的には、選択肢で回答を求める質問で否定的な回答をした回答者の自由記述に焦点を絞って分析を進めることで改善点を早く見つけ出すことができることや、肯定的な回答をした回答者の自由記述には、創造物をさらによくするための改善点が含まれていることがあることを指導しました。

表2　子どもたちが創造物の評価を得るために作成したフィードバックの質問項目

質問番号	質問	回答方法
1	このパンフレットはわかりやすかったですか。	4件法
	その理由を教えてください。	自由記述
2	伏見稲荷についての説明はわかりやすかったですか。	5件法
	平安神宮についての説明はわかりやすかったですか。	5件法
	高芝栄春堂についての説明はわかりやすかったですか。	5件法
	その理由を教えてください。	自由記述
3	京都のことはよくわかりましたか。	5段階評価
4	改善点を教えてください。	自由記述

表2は、指導後に子どもたちが作成した質問項目です。このグループは、タブレットPC（iPad）でデジタルパンフレット（文書作成ソフトを使って作成した文書資料）を創造していました。このグループをはじめ、ほぼすべてのグループが、選択肢で回答を求める質問と、その理由を自由記述で求める質問を1セットにして、フィードバック・フォームを作成できていました。このことから、図1の手順で詳しく指導を行ったことによって、子どもたちが改善点に関する情報を得るために、回答者の立場になって考え、最も効果的と考えられる質問形式でフィードバック・フォームを作成していたと考えられます。

このように、子どもたちが回答者の立場で質問項目を考えたことから、1つのフィードバック・フォーム内に4件法と5件法で回答を求める質問や創造物のわかりやすさを段階で問う質問等が混在するフィードバック・フォームが作成されました。このときの子どもたちの姿は、グループで創造したパンフレットを見返しながら、トピックごとに、改善点が浮かび上がるような質問を作成しようと真剣に考えていました。さらに、創造物の改善に関する評価を確実に得ることができるよう、すべてのグループが、創造物をよくするための改善点を自由記述で聞く質問を入れていました。本活動では、子どもが、創造物を評価するために適切な質問を考え、フィードバック・フォームを作成していたことから、子どもたちの「評価」スキルが発揮される活動であったと考えます。

次に、創造物を評価する活動では、子どもたちが作成したフィードバック・フォームで他学級の子ども及び保護者を対象に評価を得る活動を実施しました。その活動では、教室にフィードバック・フォームにつながるＱＲコードを掲示し、評価者がタブレットＰＣやスマートフォンでそれらを読み取って回答するようにしました。フィードバックは、子どもと保護者で回答結果の傾向が異なることが予想されたため、それぞれの回答を分けて集計するようにしました。本活動では、どのグループも子どもからのフィードバックを30件以上、保護者からのフィードバックを15件以上収集することができていました。また、フィードバックを回収後、子どもたちは分析する活動を見据えて、収集したフィードバック結果から成果と課題を導き出し、改善に活かせると考えられる回答を選択していたことから「評価」スキルが発揮された活動であったと考えます。

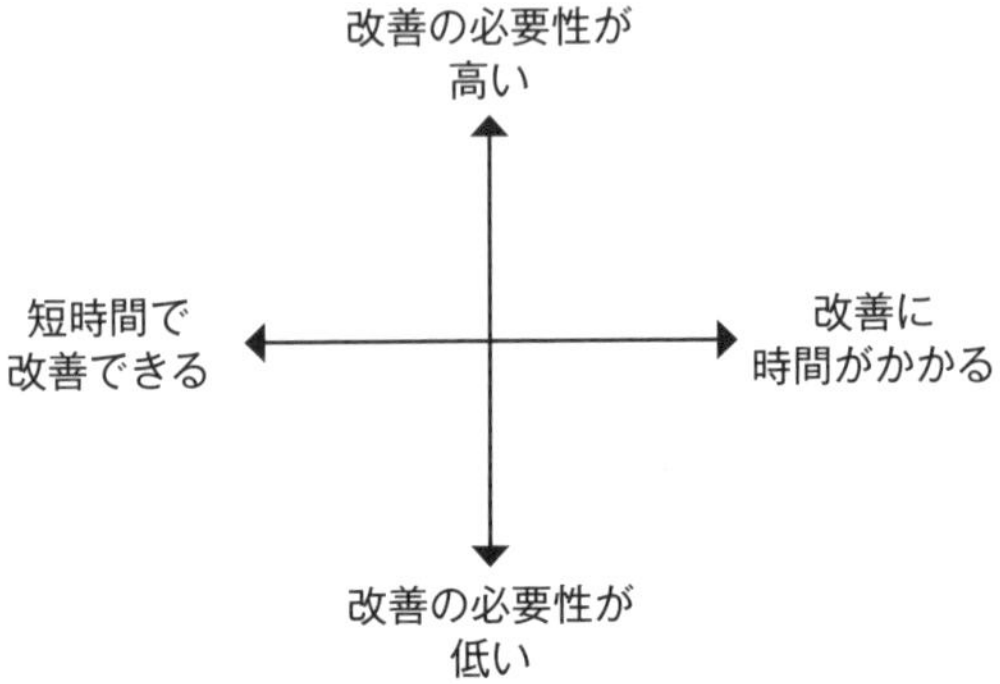
改善の必要性が高い
短時間で改善できる
改善に時間がかかる
改善の必要性が低い

図２　フィードバックの結果を分析する際に活用した座標軸

帰属スキル、適用スキルを発揮する

フィードバック結果を分析する活動（表１、Ｂ）では、分析用に作成した座標軸（図２）を子どもたちが使用しているタブレットＰＣに配信しました。子どもたちは、フィードバックの集計データを見ながら、結果を読み取り、分析の必要があると判断したフィードバックを抽出し「改善の必要性が高いか」また「改善に時間を要するか」をグループで話し合いながら分析を進める姿が見られました。本活動では、子どもたちがフィードバック結果から、改善に必要であると考えられる情報を導き出し、そのように評価された理由や原因を考えながら分析をしていたことから、「帰属」スキルが発揮された活動であったと考えます。

目標設定スキル、計画立案スキルを発揮する

改善計画を立てる活動では、前時の分析結果を基に、だれがどのような改善をどのような順序で取り組むのかについての計画を立てる活動を行いました（表1、C）。だれがどのような改善をするのかについては、Google ドキュメントで作成した改善計画書をグループ内で共有し、共同編集の機能を使って役割分担を明確にするよう指導しました。このように改善計画書に入力させたことで、一人ひとりが改善の見通しをもつことができました。また、いつまでにどれだけの改善を終えるのかについては、グループ内で共有したGoogle カレンダーを使い、改善作業の締切日を入力するよう指導しました。改善作業の締切日を入力する活動では、改善が計画通りに進むように話し合いながら日程調整をする姿が見られました。

本活動では、分析結果から導き出した今後の改善に向けての目標を改善計画書に記述することができていたことから「目標設定」スキルが、また、どのような方法・方略で創造物を改善していくのかについてGoogle カレンダーで予定を立てることができていたこと

から「計画立案」スキルが発揮された活動であったと考えます。

②研究の方法

本研究の対象は、小学校6年生35名から抽出した12名（4グループ）です。分析では、改善前の創造物と改善後の創造物を比較します。そして、両者の比較を通して明らかになった修正事項と改善案との関連を探ります。

本研究における改善案とは、フィードバック結果から導き出された改善案（以下、評価時改善案）、座標軸で分析することによって導き出された改善案（以下、分析時改善案）、改善計画書に記述された改善案（以下、計画時改善案）の3つの案です（図3）。修正事項とそれぞれの活動で導き出された改善案の関連が明らかになれば、子どもたちが、これらの活動で自己調整スキルを発揮して導き出した改善案を基に、創造物を修正したことが明らかになります。

したがって、本研究では、改善案と修正事項の関連を数値化（以下、「活動ごとの改善案と修正事項の関連についての分析」とする）するとともに、改善案の変容を記述内容ご

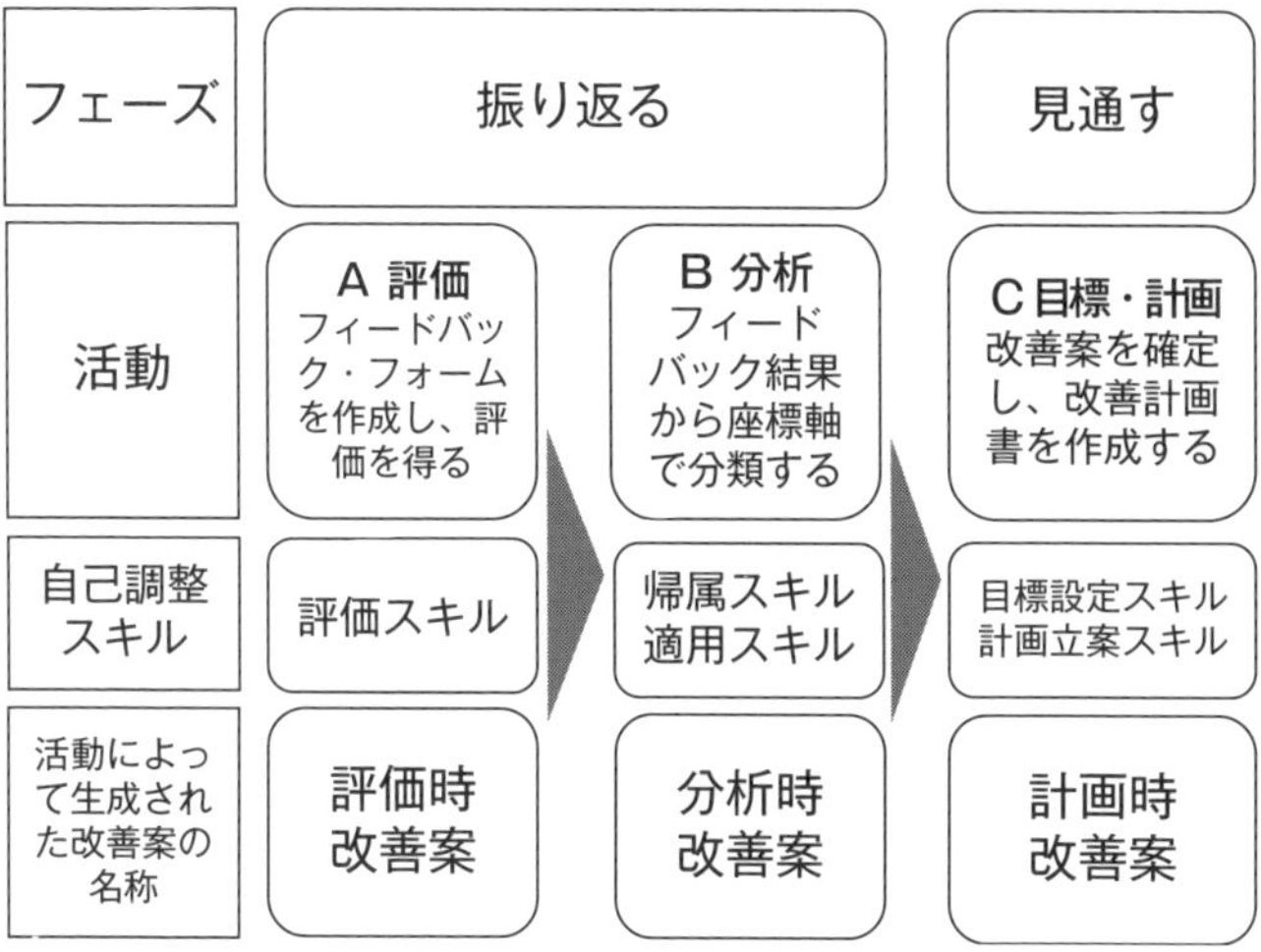
フェーズ
振り返る
見通す
活動
A 評価
フィードバック・フォームを作成し、評価を得る
B 分析
フィードバック結果から座標軸で分類する
C 目標・計画
改善案を確定し、改善計画書を作成する
自己調整スキル
評価スキル
帰属スキル
適用スキル
目標設定スキル
計画立案スキル
活動によって生成された改善案の名称
評価時改善案
分析時改善案
計画時改善案

図3　Self-reflection モデルの活動と
その活動で生成された改善案の名称の関係

とに対応づけて（以下、「分析時改善案及び計画時改善案と修正事項の関連の分析」とする）分析し、本モデルで学習を進めたことによる効果を明らかにします（学習活動とそれぞれの活動で発揮された自己調整スキル、そして、導き出された改善案の名称の関係を図3に整理します）。

　本研究においての子どもたちの創造物は、動画資料が5作品（5つのグループ）、ポスターが1作品（1つのグループ）、パンフレットが6作品（6つのグループ）でした。分析では、本モデルの効果を明らかにするために、改善前と改善後の違いを比較しやすいパンフレットを創造したグループを分析対象とします。しかし、分析対象とした、６グループの中に改善期間中に、長期欠席をする子どもがいたことから、そのグループを分析対象から外し、対象を４グループとします。

③『分析Ａ』活動ごとの改善案と創造物の修正事項の関連

『分析Ａ』の方法

活動ごとの改善案と修正事項の関連について分析するのは、一つひとつの修正事項が評価時・分析時・計画時改善案のいくつと関連したかを明らかにし、本モデルの効果を検証するためです。３つの活動で導き出された改善案のすべてと関連する修正事項が多ければ、自己調整スキルを発揮して改善案を導き出したそれぞれの活動が効果的であったと判断できます。

分析を行う際には、まず、評価者間の内的整合性を検討するために、評価者が選択肢で回答した質問のα係数を算出します。それぞれのグループのフィードバック・フォームの質問は、選択肢による質問とそのような回答をした理由を自由記述で回答する質問がセッ

表3　創造物の分析シートの抜粋

ア（修正事項数の内訳）　イ（改善案との関連）

修正事項番号	ページ	総数	修正事項数の内訳								改善案との関連					
			トピック		記事等		図の変更	レイアウト変更	装飾枠線背景等	誤り	児童対象のフィードバック			保護者対象のフィードバック		
			内容	書式	内容	書式					評価時	分析時	計画時	評価時	分析時	計画時
1	表紙	2					2							Q9⑧		6
2	目次	1			1						Q7①	I				
3	1	4	1													
				1										Q9⑪		
					1									Q2⑩		
						1					Q7①	D	13	Q9②		1

トになっているため、選択肢で回答した質問の結果を基に評価者間の内的整合性が検討できると考えます。

表3は、改善前と改善後の創造物を分析する際に活用したシートです。修正された箇所をカウントする際は、修正事項番号をつけ、パンフレットのページごとに、表3の表頭に示された「修正事項数の内訳」を基にカウントしました（表3、ア）。なお、アの「トピック」とはパンフレット上に示されたタイトルや見出しを指し、「記事等」とはタイトルや見出しについての文章のことを指しています。

活動ごとに導き出された改善案と修正事項の関連は、他学級の子どもたちに向けて実施した子ども対象のフィードバックと保護者対象のフィードバックを分類して分析します（表3、イ）。分析では、修正事項と改善案を関連づけていきます（それぞれの改善案には番号・記号をつけてイのように表記しました。表中・評価時のQ7、Q9はフィードバックフォームの質問番号を示し、①、②…はフィードバックの回答の通し番号です。また、分析時のⅠ、Dなどのアルファベットは、分析時改善案の通し記号を示し、計画時の数字は計画時改善案の通し番号を示しています）。

このように関連づけることで、一つひとつの修正事項がいくつの活動と関連したのかが明らかになります。例えば、修正事項が3つの改善案と関連した場合、「振り返る」フェーズの「評価する」活動で「評価」スキルを、「分析する」活動で「帰属」スキルや「適用」スキルを、「見通す」フェーズの「目標・計画を立てる」活動で「目標設定」スキルや「計画立案」スキルを発揮して学習活動を進めたと言えます。このことから各活動で作成された改善案と修正事項の関連を基に本モデルの効果を検証します。

『分析A』の結果

表4は、子ども対象のフィードバック・フォームから導き出された改善案と修正事項の関連についての分析結果です。表中の「A、B、Cの改善案と関連した修正事項」とは、評価時改善案、分析時改善案、計画時改善案の3つの活動で導き出された改善案と関連した修正事項の数を意味します。また、表中の「A、B／B、C／A、Cのみの改善案と関

表4　子ども対象のフィードバック・フォームから導き出された改善案に関連した修正事項数

調査グループ名	1班	2班	3班	4班
フィードバックにおける改善案の総数	66	114	76	159
フィードバックにおける改善案と関連しなかった修正事項の総数	20	83	70	134
フィードバックにおける改善案と関連した修正事項の総数	46	31	6	25
A，B，Cの改善案と関連した修正事項	43	17	6	25
A，Bのみの改善案と関連した修正事項	0	1	0	0
B，Cのみの改善案と関連した修正事項	1	0	0	0
A，Cのみの改善案と関連した修正事項	2	12	0	0
Aのみの改善案と関連した修正事項	0	0	0	0
Bのみの改善案と関連した修正事項	0	0	0	0
Cのみの改善案と関連した修正事項	0	1	0	0

連した修正事項」とは、2つの活動で導き出された改善案と関連した修正事項の数を意味し、「A／B／Cのみの改善案と関連した修正事項」は、1つの活動で導き出された改善案と関連した修正事項の数を意味しています。

　1班が作成したフィードバック・フォームの内的整合性を検討するために同尺度で問われた質問のα係数を算出したところα＝.583でした。1班は、子どものフィードバック（質問数4問、回答者19名、改善に関わる回答数66件）から導き出された改善案の総数が66件あり、そのうち、改善案と関連しなかった修正事項の総数が20件、反対に改善案と関連した修正事項の総数が46件でした。また、A、B、Cに関連した修正事項が43件、B、Cのみに関連した修正事項が1件、A、Cのみに関連した修正事項が2件でした。

２班が作成したフィードバック・フォームの内的整合性を検討するために同尺度で問われた質問のα係数を算出したところα=.981でした。２班は、子どものフィードバック（質問数６問、回答者27名、改善に関わる回答数１１４件）から導き出された改善案の総数が１１４件あり、そのうち、改善案と関連しなかった修正事項の総数が83件、反対に改善案と関連した修正事項の総数が31件でした。また、A、B、Cに関連した修正事項が17件、A、Bのみに関連した修正事項が1件、A、Cのみに関連した修正事項が12件、Cのみに関連した修正事項が1件でした。

３班が作成したフィードバック・フォームの内的整合性を検討するために同尺度で問われた質問のα係数を算出したところα=.615でした。３班は、子どものフィードバック（質問数7問、回答者21名、改善に関わる回答数76件）から導き出された改善案の総数が76件あり、そのうち、改善案と関連しなかった修正事項の総数が70件、反対に改善案と関

表5　保護者対象のフィードバック・フォームから導き出された改善案に関連した修正事項数

調査グループ名	1班	2班	3班	4班
フィードバックにおける改善案の総数	52	59	45	67
フィードバックにおける改善案と関連しなかった修正事項の総数	3	31	25	38
フィードバックにおける改善案と関連した修正事項の総数	49	28	20	29
A，B，Cの改善案と関連した修正事項	38	18	20	26
A，Bのみの改善案と関連した修正事項	3	0	0	3
B，Cのみの改善案と関連した修正事項	1	0	0	0
A，Cのみの改善案と関連した修正事項	4	0	0	0
Aのみの改善案と関連した修正事項	3	0	0	0
Bのみの改善案と関連した修正事項	0	0	0	0
Cのみの改善案と関連した修正事項	0	10	0	0

連した修正事項の総数が6件でした。また、A、B、Cの3つの活動に関連した修正事項が6件、2つの活動及び1つの活動のみと関連した修正事項は0件でした。

4班が作成したフィードバック・フォームの内的整合性を検討するために同尺度で問われた質問のα係数を算出したところα＝.645でした。4班は、子どものフィードバック（質問数7問、回答者32名、改善に関わる回答数159件）から導き出された改善案の総数が159件あり、そのうち、改善案と関連しなかった修正事項の総数が１３４件、反対に改善案と関連した修正事項の総数が25件でした。また、A、B、Cの３つの活動で導き出された改善案と関連した修正事項が25件、２つの活動及び１つの活動のみと関連した修正事項は０件でした。

表５は、**保護者対象のフィードバック・フォーム**から導き出された、改善案と修正事項の関連についての分析結果です。

１班が作成したフィードバック・フォームの内的整合性を検討するために同尺度で問われた質問のα係数を算出したところ、α＝.536でした。また、保護者のフィードバック（質問数４問、回答者15名、改善に関わる回答数52件）から導き出された改善案の総数が52件あり、そのうち、改善案と関連しなかった修正事項の総数が３件、反対に改善案と関連した修正事項の総数が49件でした。次に、A、B、Cに関連した修正事項が38件、A、Bのみに関連した修正事項が３件、B、Cのみに関連した修正事項が１件、A、Cのみに関連した修正事項が４件、Aのみに関連した修正事項が３件でした。

２班が作成したフィードバック・フォームの内的整合性を検討するために同尺度で問われた質問のα係数を算出したところ、α＝.975でした。また、保護者のフィードバック（質問数６問、回答者18名、改善に関わる回答数59件）から導き出された改善案の総数が

59件あり、そのうち、改善案と関連しなかった修正事項の総数が31件、反対に改善案と関連した修正事項の総数が28件でした。次に、A、B、Cに関連した修正事項が18件、Cのみに関連した修正事項が10件でした。

3班が作成したフィードバック・フォームの内的整合性を検討するために同尺度で問われた質問のα係数を算出したところ、α=.886でした。また、保護者のフィードバック（質問数7問、回答者16名、改善に関わる回答数45件）から導き出された改善案の総数が45件あり、そのうち、改善案と関連しなかった修正事項の総数が25件、反対に改善案と関連した修正事項の総数が20件でした。次に、A、B、Cに関連した修正事項が20件、2つの活動及び1つの活動のみと関連した修正事項は0件でした。

4班が作成したフィードバック・フォームの内的整合性を検討するために同尺度で問われた質問のα係数を算出したところ、α=.823でした。また、保護者のフィードバック（質問数7問、回答者20名、改善に関わる回答数67件）から導き出された改善案の総数が67件あり、そのうち、改善案と関連しなかった修正事項の総数が38件、反対に改善案と関連した修正事項の総数が29件でした。次に、A、B、Cに関連した修正事項が26件、A、Bのみに関連した修正事項が3件でした。

『分析A』についての考察

1班は、子どものフィードバックから導き出された改善案と関連した修正事項の総数が46件あり、これは改善案の総数の70％にあたります。このことから、1班は、子どものフィードバックから得た改善案を基に、概ね創造物の修正に取り組んでいたことがわかります。そして、46件中43件が、A、B、Cのすべての活動であげられていた改善案と関連していました。また、B、Cのみに関連したものが1件、A、Cのみに関連したものが2件ありました。これらはすべて、保護者からのフィードバックの分析においても検討されており、それらを総合すると、A、B、Cすべての活動と関連する修正事項でした。これから、1班の修正事項は、すべてA、B、Cの活動と関連していることが考えられます。

一方、保護者のフィードバックから導き出された改善案と関連した修正事項の総数は49件あり、これは、改善案の総数の94％にあたります。このことから、創造物の修正のほとんどを保護者のフィードバックから得た改善案を基に行っていたことがわかります。このように、多数の修正が改善案を基に行われていたということは、「評価・帰属」スキルを十分に発揮してフィードバック結果を分析し、その分析結果を「適用・目標設定・計画立案」スキルを発揮して具体的にしたうえで、改善を実施したことによる効果であると考えられます。また、改善案と関連した修正事項の49件中38件がA、B、Cの活動であげられている改善案と関連していました。そして、A、Bのみに関連したものが3件、B、Cのみに関連したものが1件、A、Cのみに関連したものが4件、Aのみに関連したものが3件ありました。これらはすべて子どものフィードバックから導き出された改善案と関連しており、保護者からのフィードバックと総合すると、A、B、Cのすべての活動に関連する修正事項でした。これらのことから、1班の子どもたちは、本モデルのプロセスを基に授業を実施することで、自己調整スキルを発揮し、創造物を改善することができており、本モデルの効果が明らかになったと考えられます。

2班は、子どものフィードバックから導き出された改善案と関連した修正事項の総数が31件あり、その内17件がA、B、Cすべての活動であげられていた改善案と関連していました。また、A、Bのみに関連したものが1件、A、Cのみに関連したものが12件ありました。前者は「キャッチコピーの変更」で、これは、パンフレットのよさを複数回答で選択する質問の選択肢にあった「キャッチコピー」に対するフィードバックが低評価だったことを受けて、「キャッチコピーの工夫」として分析時改善案に記述したものであると考えられます。この修正事項が改善計画書に記述されなかったのは、改善計画書を分担して作成しており、グループ全員で取り組む改善については視野に入っていなかったためだと考えられます。座標軸による改善案の分析結果を見ると、字体や文字サイズをそろえることについての記述は見られませんでした。活動観察によれば、必ず改善する必要があると判断したものは、座標軸による分析対象から除外しており、それがこれらの修正事項が分析時改善案に入らなかった理由だと考えられます。このように、分析対象として改善案を抽出する際にその必要度を判断しているのは、「評価」スキルが発揮され、うまくいっていないことが明確になっていたからであると判断できます。一方、保護者のフィードバックから導き出された改善案については、分析を経て改善計画書にあげて修正を行った修正事項が多くみられました。また、2班の子どもは、C（計画時改善案）のみに関連した修正事項が何件か見られたことから（表4、5）、子ども・保護者からのフィードバックの分析後にもう一度、自らの班の作品を見直し、「評価」スキルを発揮して改善箇所を特定し、改善案に追加していました。これらのことから、2班の子どもは、学習プロセスの先を見通したり、他者からのフィードバックに加え、作品に対する自己評価も改善計画に入れ込んだりして、本モデルを発展させながら学んでいたと考えられます。これをもってモデルを教師と子どもが共有することが、自己調整スキルを発揮することを促したと考えられます。

3班は、子どものフィードバックから導き出した改善案と関連した修正事項の総数が6件でした。そして、それらすべての修正事項が、A、B、Cの活動であげられていた改善案と関連していました。また、保護者のフィードバックから導き出された改善案と関連した修正事項の総数は20件あり、すべてがA、B、Cの活動と関連していました。これらのことから、3班では、評価時改善案をすべて分析し、改善計画書にあげたうえで創造物を修正しており、本モデルの評価・分析、改善するそれぞれの活動において、自己調整スキルを発揮して学習を進めていたと考えられます。

4班は、子どものフィードバックにおける改善数の総数が159件（表4）と他の班に比べ最も多かったです。そして、そのフィードバックから導き出された改善案と関連した修正事項の総数が25件で、改善案の総数の15％でした。このことから、4班は、創造物の修正事項が、子どものフィードバックから得た改善案とあまり関連していないことがわかります。しかし、改善案と関連した修正事項の25件中すべてが、A、B、Cの活動であげられていた改善案と関連していました。また、保護者からのフィードバックにおいても、フィードバックにおける改善案の総数が、67件（表5）と他の班に比べて最も多くみられました。そして、そのフィードバックから導き出された改善案と関連した修正事項の総数は29件で、これは、改善案の総数の43％でした。このことからも、4班は、創造物の修正事項が、保護者のフィードバックから得た改善案とあまり関連していなかったことがわかります。しかし、改善案と関連した修正事項の29件中26件が、A、B、Cのすべての活動の改善案と関連し、3件がA、Bの2つの活動に関連していました。2つの活動に関連した3件の修正事項も、「いっぱい」を「たくさん」に修正したり、伝わりにくい表現をわかりやすく表現し直したりする修正であり、分析時改善案における「文章の推敲を厳密に（する）」に関連していました。これらが計画時改善案に見られなかったのは、パンフレットを創造するにあたり、文章の推敲は必ず行うため、改善計画書に記述する必要がないと判断したのではないかと考えられます。以上より、4班の子どもは、抽出した改善案はほぼすべて分析し、改善計画書にあげて修正しており、本モデルのプロセスで自己調整スキルを発揮して学習を進めていたと考えられます。一方で、フィード・バックから得た改善案の総数と関連した修正事項の総数が少なかったことについては、「フィードバックの結果を分析する際に、改善案が数多くあり、活動時間内に十分に分析することができなかった」「グループの児童がフィードバックの分析に積極的に関わることができなかった」の

2つの原因が考えられます。1つめの原因については、フィードバックを得るために作成した質問が7問と最も多かったことと、子ども対象のフィードバックの回答者32名、保護者対象のフィードバックの回答者が20名と最も多かったことにあると考えられます。このことから、4班のような質問数や回答者数が多い班に対しては、子どもがその現状を把握し、見通しをもって分析を行うことができるように質問を吟味し、質問数を絞るよう提案するなどの指導がフィードバックの質問を作成する際に必要であると考えられます。また、子どもたちが分析を始める前に、創造物の改善につながる改善案を効率よく抽出することができる方法を選択することができるような事前指導があれば、子どもたちが積極的に活動に関わる足がかりができ、数多くの改善案を短時間で分析し、創造物の修正に活かすことができたのではないかと考えます。

④『分析B』分析時改善案及び計画時改善案と修正事項数の関連

『分析B』の方法

本モデルでは、子どもたちが創造物のフィードバック・フォームを作成する活動（図3、

A）で「評価」スキル、評価結果を分析する活動（図3、B）で「帰属・適用」スキル、改善計画を作成する活動（図3、C）で「目標設定・計画立案」スキルを発揮しながら学ぶことができると考えています。本研究では、これらの学習プロセスで、十分にスキルが発揮されたかを検証する必要があります。これらのスキルが発揮されることにより、創造物の改善点が具体化され、改善案が明確になります。そして、明確になった改善案を基に創造物の修正を実施することにつながると考えます。

そこで、分析時改善案と計画時改善案を比較し、改善案が具体化・明確化されたかを検討するとともに、修正事項との関連があったかを明らかにします。これらを検討し、明らかにすることで、本モデルの学習プロセスが自己調整スキルを発揮して学ぶことに効果があったのかを検証することができると考えます。

次に、分析時改善案と計画時改善案の関連について分析する際は、修正事項の総数が最も多く、積極的な特性を有する子どもたちで構成された1班と、修正事項の総数が最も少なく、消極的な特性を有する4班を抽出し分析します。分析の際は、まず、評価時改善案であるフィードバックの結果が、座標軸（図2）でどのように分類されたのかを分析します。そして、分析時改善案と計画時改善案を比較し、それらに関連があると判断できるものを関連づけます。最後に、それぞれの改善案が創造物の修正後に何件修正されていたかをカウントし、本モデルが自己調整スキルの発揮に効果があったかを明らかにします。これにより、分析時改善案と計画時改善案の関連が明らかになり、関連した改善案同士を比較することができます。改善案同士の関連が明らかになることにより、子どもが座標軸を活用して分析を行う際に、「帰属」スキルを発揮して、フィードバックから得た結果の理由や原因を考えることができたと判断できます。また、改善案同士を比較し、計画時改善案が分析時改善案よりも具体化・明確化されていることをもって、子どもが「適用」スキルを発揮して、今後の改善で活かせるフィードバックを明らかにすることができたと判断できます。さらに、それぞれの改善案と関連する修正事項が存在したか、また、どの程度存在したのかが明らかになることにより、「目標設定・計画立案」スキルを発揮して立案した学習目標を基に計画が実行されたと判断することができます。

『分析B』の結果及び考察

●1班の子ども対象のフィードバック・フォームの結果

1班は、子ども対象のフィードバック・フォームから、9件の評価時改善案を抽出し、

表6　１班・子どもからのフィードバックにおける改善案と修正事項数の関連

座標軸の分類	活動Ｂ：分析時改善案	活動Ｃ：計画時改善案	修正事項数
必要性・高 時間・短	①テキストの青い「＋」をなくす	Pages でつくっていたから，プラスマークがあったのでそれをなくす	2
	②出典がわかるように示す	出典を書く	1
	③もっと間をあけてわかりやすくする	—	0
	④足りない情報を加える	神宮うどんの写真がなくて気になるから写真を入れる	2
		全部のページに統一感を出した方がいいと思った	2
		文章が少ないと書いている人が多かったので，もう少し文を増やして情報を増やしていこうと思う	4
	⑤最後に出典や考えなどのまとめの頁を入れる	まとめに内容と同じことを書いていたから，考えなど内容にはないことを書こうと思う	1
必要性・高 時間・長	⑥主張を見直す	全体のまとめ，主張を書いた方が良いという回答があった	1
	⑦根拠を見直す	和菓子の紹介はしていたけど，店についての情報や，なぜその情報を紹介したのかの根拠を示していなかったから	1
	⑧それぞれのページの統一感を出す	全部のページに統一感を出した方がいいと思った	29
		主張や伝えたいことにアンダーラインを入れたり，フォントを変えるなどして強調し，統一感を出す	2
必要性・低 時間・短	⑨裏表紙，目次を見直す	裏表紙を表紙みたいにする	4

座標軸（図3、Ａ）で分析していました。表6は、1班の子ども対象のフィードバック・フォームから導き出された分析時改善案（図3、Ｂ）・計画時改善案（図3、Ｃ）と創造物の修正事項数との関連を整理した表です。

座標軸で評価時改善案を分析した際に、改善の必要性が高く、改善に要する時間が短いと判断した分析時改善案は5件（①〜⑤）でした。そして、座標軸にあげられた分析時改善案①「テキストの青い『＋』をなくす（以下、記号のみで示す）」と関連した計画時改善案は1件、修正事項は2件、②と関連した計画時改善案は1件、修正事項は1件、③と関連した計画時改善案は0件、修正事項は0件、④と関連した計画時改善案は3件、修正事項は8件、⑤と関連した計画時改善案は1件、修正事項は1件でした。次に、改善の必要性が高く、改善に要する時間が長いと判断した改善案は3件（⑥〜⑧）でした。そして、⑥と関連した計画時改善案は1件、修正事項は1件、⑦に関連した計画時改善案は1件、修正事項は1件、⑧と関連した計画時改善案は2件、修正事項は31件でした。最後に、改善の必要性が低く、改善に要する時間が短いと判断した改善案は1件（⑨）であり、⑨と関連した計画時改善案が1件、修正事項が4件でした。

●1班の保護者対象のフィードバック・フォームの結果

保護者対象のフィードバック・フォームから、9件の改善案を抽出し、5件の評価時改善案を座標軸で分析していました。表7は、1班の保護者対象のフィードバック・フォームから導き出された分析時・計画時改善案と修正事項数との関連を整理した表です。

表7　1班・保護者からのフィードバックにおける改善案と修正事項数の関連

座標軸の分類	活動B：分析時改善案	活動C：計画時改善案	修正事項数
必要性・高 時間・短	①青い「＋」をなくす	—	2
	②もっと文章を増やす	—	1
	③文章の間違いを直す	誤字脱字がないかをもう一度確認して，見にくくなっているところや，わかりにくいところを直していきたい	1
必要性・高 時間・長	④まとめ方を統一する	表紙，目次，出典のページ，裏表紙の背景色を揃えて，統一感を出す	6
		全体のデザインを統一した方がよいと書かれていたので，デザインや色をそろえていこうと思う	29
必要性・低 時間・長	⑤主張や，長所の部分を強調する	パンフレットの最後に主張などを入れて全体のまとめを書こうと思う	0
		情報量が多いけど，文に区切りをつけてもう少しわかりやすくした方がよいという意見があったり，平安神宮の文章の構成，うどんの写真があった方がわかりやすいなどの意見があったので直す	3

　座標軸で改善案を分析した際に改善の必要性が高く、改善に要する時間が短いと判断した分析時改善案は3件（①〜③）でした。そして、①②と関連した計画時改善案はそれぞれ0件、修正事項は①が2件、②が1件、③と関連した計画時改善案は1件、修正事項は1件でした。次に、改善の必要性が高く、改善に要する時間が長いと判断した分析時改善案は1件（④）であり、④と関連した計画時改善案が2件、修正事項が35件でした。最後に、改善の必要性が低く、改善に要する時間が長いと判断した分析時改善案は1件（⑤）で、⑤に関連した計画時改善案が2件、修正事項が3件でした。

●1班についての考察

1班は、子どもからのフィードバックに創造物の改善に関わる回答が66件（表4）あり、そこから9件を抽出して分析していました。これらを分析することで、9件中8件を改善の必要性が高いと判断していました（表6）。また、保護者からのフィードバックには創造物の改善に関わる回答が52件（表5）あり、そこから5件を抽出して分析していました。これらを分析することで5件中4件を改善の必要性が高いと判断していました（表7）。

このように、座標軸で分析する活動を行うことで、子どもたちは、まずフィードバック結果から、「帰属」スキルを発揮して理由や原因を探り、創造物をよりよくすることにつながると考えられるフィードバックを改善案として選択していました。そして、そのようにして選択した改善案を、座標軸（図2）で分析することにより、「適用」スキルを発揮して「改善の必要性が高いか」「その改善はどの程度の時間を要するのか」を検討することができていたと考えられます。

次に、座標軸にあげられた分析時改善案と、改善計画にあげられた計画時改善案の関連を見ると、子どものフィードバックから導き出された分析時改善案9件に、11件の計画時改善案が関連していました（表6）。また、保護者のフィードバックから導き出された分析時改善案5件には、5件の計画時改善案が関連していました（表7）。このように分析時改善案と計画時改善案の関連が見られたことから、子どもたちは「帰属」スキルを発揮して、フィードバックの結果の理由や原因を考えることができたと考えられます。

次に、関連が見られた改善案を比較すると、分析時改善案を基に、改善方法や改善箇所を明確にしたり具体的にしたりして計画時改善案を作成していることがわかりました。これは、子どもが「適用」スキルを発揮し、分析時改善案を基に、今後の活動で活かす改善案を明確にした姿であると考えられます。例えば、子ども対象のフィードバックから導き出された改善案では、分析時改善案④「足りない情報を加える」と関連した計画時改善案として「神宮うどんの写真がなくて気になるから写真を入れる」「全部のページに統一感を出した方がいいと思った（情報が足りないページがあることから、そのページに情報を加えることを意味している）」「文章が少ないと書いている人が多かったので、もう少し文章を増やして情報を増やしていこうと思う」の3件があり、分析時改善案を基に改善方法や改善箇所を具体化・明確化していることがわかります。

さらに、1班は、子ども対象のフィードバックから導き出した分析時改善案を9件中8件、計画時改善案を11件中11件修正しているとともに（表6）、保護者のフィードバックから導き出した分析時改善案を5件中5件、計画時改善案を5件中4件修正しています（表7）。また、両フィードバックで改善の必要性が高いと判断したパンフレット全体の統一感については29件（表6、7）もの修正を行っています。このことから、1班の児童は、「帰属」スキルや「適用」スキルを発揮して明らかにした改善案を、「目標設定・計画立案」スキルを発揮して立案した改善計画を基に、改善する活動を実行していたと考えられます。これらのことから、子どもたちは、座標軸で分析し、分

願いが叶う！平安神宮！

平安神宮の表門

右下の写真は、平安神宮の入り口です。入る前から綺麗ですよね。まず、左側には手水があります。手水は約8個あり、入る前に手水に行きましょう。右側には、お世話になったお守りの返納場所があります。そして、入り口が3つあるので段差を跨《また》いで中に入ってください。元旦付近の日に行くと右上の写真のような置物が入り口にかざってあります。

平安神宮の中

門表を抜けて右側には、授与所《じゅよしょ》があり、お守りやお札の購入ができます。この隣りにはおみくじの交換場所があるのでおみくじを引いて見てください。おみくじはこの場所でしか引けない(買えない)ので拝殿場所では買えないことを注意してください。おみくじを引いたらその番号を交換場所でお金を払って交換してください。拝殿の隣にあるおみくじ結び処に結びに行くと運勢がアップするので結んでみてください。

平安神宮の拝殿

右の写真のように階段があり、上がるとお賽銭箱と鈴があります。混んでいる時は右下の写真のように横に広がって並んでいるので空いているところに並んでいってください。
階段を降りる前に、ここでもお守りとお札を購入することができます。絵馬もあります。私は去年、平安神宮で絵馬を書いたのですが、書いたお願い事が叶ったので是非、絵馬を書いてみてください。ちなみに、今年も絵馬を書いてきました。元旦付近の日に行くと写真のように並ぶことがあります。

~3~

図4①　1班の改善前の創造物

析結果を基に改善計画書を作成する活動に取り組むことで自己調整スキルの発揮が促され、創造物の改善方法や改善箇所を具体的にすることができたと考えられます。

　図４は、１班が作成した改善前と改善後（上）の創造物の比較です。これらを比較すると、まず、それぞれの記事の小見出しの色が黒に変更され、下線が外されています。これは、子どものフィードバックにある「全部のページに統一感を出した方がいいと思った」の計画時改善案が基になっていると考えられます。これらの

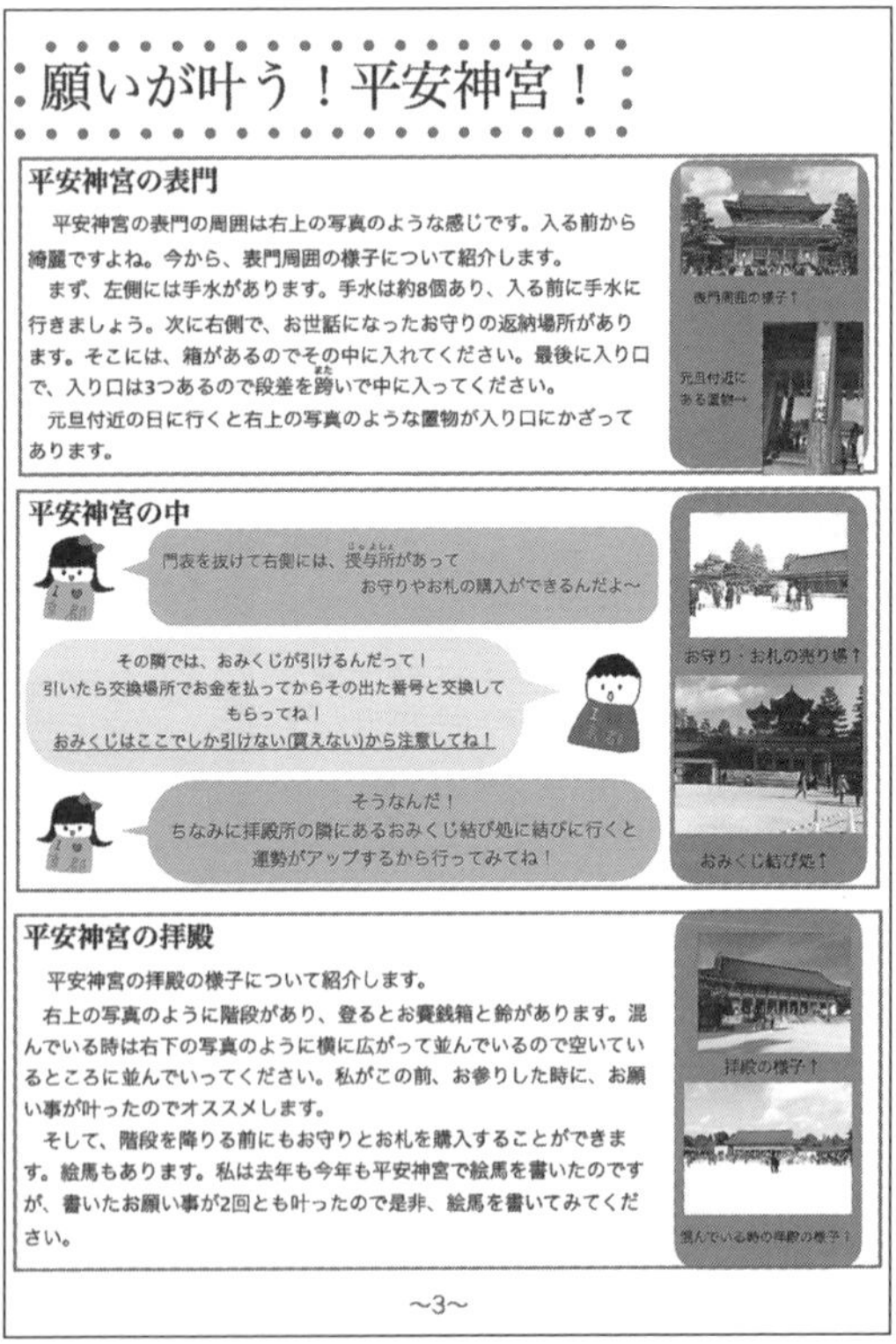

願いが叶う！平安神宮！

平安神宮の表門

平安神宮の表門の周囲は右上の写真のような感じです。入る前から綺麗ですよね。今から、表門周囲の様子について紹介します。

まず、左側には手水があります。手水は約8個あり、入る前に手水に行きましょう。次に右側で、お世話になったお守りの返納場所があります。そこには、箱があるのでその中に入れてください。最後に入り口で、入り口は3つあるので段差を跨《また》いで中に入ってください。

元旦付近の日に行くと右上の写真のような置物が入り口にかざってあります。

表門周囲の様子↑

元旦付近にある置物→

平安神宮の中

門表を抜けて右側には、授与所《じゅよしょ》があって お守りやお札の購入ができるんだよ～

その隣では、おみくじが引けるんだって！ 引いたら交換場所でお金を払ってからその出た番号と交換してもらってね！ おみくじはここでしか引けない(買えない)から注意してね！

そうなんだ！ ちなみに拝殿所の隣にあるおみくじ結び処に結びに行くと運勢がアップするから行ってみてね！

お守り・お札の売り場↑

おみくじ結び処↑

平安神宮の拝殿

平安神宮の拝殿の様子について紹介します。

右上の写真のように階段があり、登るとお賽銭箱と鈴があります。混んでいる時は右下の写真のように横に広がって並んでいるので空いているところに並んでいってください。私がこの前、お参りした時に、お願い事が叶ったのでオススメします。

そして、階段を降りる前にもお守りとお札を購入することができます。絵馬もあります。私は去年も今年も平安神宮で絵馬を書いたのですが、書いたお願い事が2回とも叶ったので是非、絵馬を書いてみてください。

拝殿の様子↑

混んでいる時の拝殿の様子↑

～3～

図４②　１班の改善後の創造物

修正に関して他のページを見ると、「平安神宮の表門」のような中程度の見出しが太字のフォントで下線が引かれていなかったことから、本ページもそのような書式に統一したと考えられます。また、改善後の記事を囲む枠線や写真のまわりの囲みは、修正後にすべて同じ色に統一されています。さらに、改善後にはすべての写真の近くに、説明が示されています。これらは保護者のフィードバックにある「全体のデザインを統一した方がよいと書かれていたので、デザインや色をそろえていこうと思う」の計画時改善案を基に行われた改善案であると考えられます。

次に、中段にある「平安神宮の中」の記事については、文章で説明していたものを、キャラクターが話をするデザインに変更されています。これは、保護者のフィードバックにある「情報量が多いけど、文に区切りをつけてもう少しわかりやすくした方がよい（以下略）」という計画時改善案を基に情報量を減らし、文に区切りをつけるために行った修正であると考えられます。加えてこの修正は、キャラクターが話をしているようにして、受け手の理解をさらに促すような工夫がされています。この修正については、本グループの子どもが他教科で作成した創造物で使っていた手法と酷似しており、その子どもが、他教科で使用した手法を転用することを提案し、実現した改善であったと考えられます。このことは、本グループの子どもが新たな価値を創造する学習活動に積極的に取り組む特性を有したことによって生じた改善であると考えられます。

このように、1ページを取り上げて比較しても、子ども・保護者のフィードバックを基に、1班の子どもたちが創造物をよりよくするために工夫し、改善を行っていたと判断することができます。このことから、フィードバックを分析し、改善計画書を作成するという本モデルのプロセスが、子どもの自己調整スキルを発揮させるうえで効果的であったと考えられます。

●4班の子ども対象のフィードバック・フォームの結果

4班は、子ども対象のフィードバック・フォームから、15件の評価時改善案を抽出し、座標軸で分析していました。

表8は、4班の子ども対象のフィードバック・フォームから導き出した分析時・計画時改善案と修正事項数との関連を整理した表です。座標軸で分類した際に、改善の必要性が高く、改善に要する時間が短いと判断した分析時改善案は5件（①〜⑤）で①と関連した計画時改善案が1件、修正事項が8件、②と関連した計画時改善案が1件、修正事項が1

表8　4班・子どもからのフィードバックにおける改善案と修正事項数の関連

座標軸の分類	活動B：分析時改善案	活動C：計画時改善案	修正事項数
必要性・高 時間・短	①京都の食べ物の写真を文章にする（A君の記事）	写真の位置を移動させる	8
	②段落ごとに改行する	改行する	1
	③地図を入れる	地図を入れる	15
	④文章を要約する（M店の記事）	情報量を減らす	1
	⑤何代目などの説明を省略する		
必要性・高 時間・長	⑥文章の書き方をそろえる	情報量をそろえる	1
	⑦簡潔にまとめる	情報量を減らす	1
	⑧要約する，情報量をそろえる	文章が長すぎる	1
	⑨伝統を入れる	歴史などを入れる	1
	⑩歴史が知りたい（お菓子の記事）		
	⑪情報を多くする（A君の記事）	文章を長くする	3
必要性・低 時間・短	⑫どこが引用かがわからない	—	0
	⑬文字の大きさを合わせる	—	0
必要性・低 時間・長	⑭穴場も知りたい	—	0
	⑮読み仮名をつける	—	0

件、③と関連した計画時改善案が1件、修正事項が15件、④⑤と関連した計画時改善案が1件、修正事項が1件でした。次に、改善の必要性が高く、改善に要する時間が長いと判断した分析時改善案は6件（⑥〜⑪）であり、⑥⑦⑧はそれぞれ関連した計画時改善案が1件、修正事項が1件、⑨⑩と関連した計画時改善案が1件、修正事項が1件、⑪と関連した計画時改善案が1件、修正事項が3件でした。改善の必要性が低く、改善に要する時間が短いと判断した分析時改善案は2件（⑫⑬）であり、それらと関連した計画時改善案が0件、修正事項が0件でした。最後に、改善の必要性が低く、改善に要する時間が長いと判断した分析時改善案は2件（⑭⑮）であり、それ

らと関連した計画改善案が０件、修正事項が０件でした。

●４班の保護者対象のフィードバック・フォームの結果

４班は、保護者対象のフィードバック・フォームから、11件の改善案を座標軸で分析していました。

表９は、４班の保護者対象のフィードバック・フォームから導き出した分析時・計画時改善案と修正事項数との関連を整理した表です。座標軸で分類した際に、改善の必要性が高く、改善に要する時間が短いと判断した分析時改善案は６件（①〜⑥）であり、①と関連した計画時改善案が１件、修正事項が８件、②と関連した計画時改善案が０件、修正事項が１件、③と関連し

表９　４班・保護者からのフィードバックにおける改善案と修正事項数の関連

座標軸の分類	活動Ｂ：分析時改善案	活動Ｃ：計画時改善案	修正事項数
必要性・高 時間・短	①写真の横に説明を書く	写真の位置を変える	8
	②改行する	—	1
	③文章を要約する	長い文章は要約する（記事によっては要約しない）	1
	④地図を入れる	地図を入れる	15
	⑤題名を変える	—	1
	⑥歴史を入れる	歴史がもっと知りたいという意見が多かったので増やす	1
必要性・高 時間・長	⑦デザインをそろえる	デザインをそろえる	3
	⑧伝統を載せる	伝統のことを詳しくする	1
	⑨文章量をそろえる	情報量についての意見が多かったのでそろえる	3
	⑩引用が何の引用なのかがわからない	引用ページを工夫する	0
必要性・低 時間・長	⑪オリジナル性を出す	—	0

た計画時改善案が1件、修正事項が1件、④と関連した計画時改善案が1件、修正事項が15件、⑤と関連した計画時改善案が0件、修正事項が1件、⑥と関連した計画時改善案が1件、修正事項が1件でした。次に、改善の必要性が高く、改善に要する時間が長いと判断した分析時改善案は4件（⑦〜⑩）であり、⑦と関連した計画時改善案は1件、修正事項が3件、⑧と関連した計画時改善案は1件、修正事項が1件、修正事案は1件、修正事項が3件、⑩と関連した計画時改善案が1件、⑨と関連した計画時改善案が0件でした。最後に、改善の必要性が低く、改善に要する時間が長いと判断した分析時改善案は1件（⑪）であり、⑪に関連した計画時改善案は0件、修正事項数が0件でした。

●4班についての考察

4班は、子どもからのフィードバックに創造物の改善に関わる回答が159件あり（表4）、そこから15件を分析し、11件を改善の必要性が高い、4件を改善の必要性が低いと判断していました（表8）。また、保護者からのフィードバックには創造物の改善に関わる回答が67件あり（表5）、そこから11件を分析し、10件を改善の必要性が高い、1件を改善の必要性が低いと判断していました（表9）。分析時改善案の中に、改善の必要性が低いと判断された改善案が見られたことから、この班は、すべてのフィードバック結果を改善内容ごとに分類し整理したものを評価時改善案として、分析していたと考えられます。

次に、分析時改善案と計画時改善案の関連を見ると、「改善の必要性が高い」と分類されたすべての分析時改善案が計画時改善案と関連していました。反面、子ども・保護者の両フィードバックにおいて「改善の必要性が低い」と判断された表8の⑫⑬⑭⑮と表9の⑪の分析時改善案は、関連する計画時改善案と修正事項が見られませんでした。このことから、4班の子どもたちは、「帰属」スキルを発揮し、分析の際に分析時改善案にあがったフィードバックの理由や原因を考え、改善の必要性が低い改善案を除外したと考えられます。

また、4班は、分析時改善案にあげたほとんどの改善案を、端的な言葉で計画時改善案に表現していました。このように表現をすることで、改善を行うことは明確になりやすいと考えられますが、1班のように改善計画書を記述する段階で、改善方法や改善箇所を具体的にすることが難しかったのではないかと考えられます。この班は、分析する活動を行う際にそれぞれの考えや意見が活発に交流されない傾向にありました。このような状況では、フィードバック結果の理由や原因を特定し、改善案を明確にするのに時間がかかります。そのような状況であったことが、「適用」スキルを発揮してそれぞれの改善案の改善箇所を特定し、どのような方法で改善するかを考えることに至りにくかった要因ではないかと考えます。したがって、4班の状況から、学習に対して消極的な特性を有する子どもが集まったグループに対しては、計画時改善案を記述する際に、改善箇所を特定し、改善方法を明らかにすることを学習の課題として与え、時間的な見通しをもたせたり、分析方法について個別に指導・支援したりする必要があると考えられます。

一方、4班の改善案と修正事項数との関係を見ると、子どものフィードバックから導き出された分析時改善案は15件中11件、計画時改善案は9件中9件が（表8）、保護者のフィードバックから導き出された分析時改善案は11件中8件、計画時改善案は8件中7件が修正されていました（表9）。これらのことから、4班の子どもたちは、計画時改善案を基に「目標設定・計画立案」スキルを発揮して立案した学習目標を基に計画を実行することができていたと考えられ、本モデルで学習を進めることにより自己調整スキルを発揮してフィードバックを分析し、創造物を改善することができていたと考えられます。

次に、特に多くの改善が見られた改善前と改善後のページを比較して考察すると、改善前にはページ下段に示されていた写真が、改善後にはページ右側に移動され、「湯豆腐」

「湯葉」などの写真を説明する言葉が削除されていました。これは、子どもからのフィードバックの計画時改善案にある「写真の位置を移動させる」と、保護者からのフィードバックの計画時改善案にある「写真の位置を変える」を基に行われた修正であると考えられます。また、比較したページの次のページには、紹介したおすすめの食べ物が食べられるお店の地図と住所を掲載したページが新たに挿入されていました。これは、子ども・保護者からのフィードバックにある「地図を入れる」を基に行った改善であると考えられます。

このように、4班の子どもが作成した改善前と改善後の創造物を比較すると、子どもたちが「目標設定・計画立案」スキルを発揮して、計画時改善案を導き出したことが創造物をよりよいものに改善することにつながったと考えることができます。ただ、4班の創造物を1班の創造物と比較すると、デザインの工夫や作成者の考察の挿入、イラストやキャラクターなどの挿入・配置場所等において、さらに工夫することができる点があることも明らかになりました。この点については、フィードバックの分析の際に、子どもたちの意見交流が活性化せず、計画時改善案が具体化・明確化されなかったことに要因があると考えます。今後、このような課題を解決するための方策として、他者から評価を得る活動に加え、他のグループの作品を鑑賞する機会を設定し、自らの創造物を他者の創造物と比較しながら自己評価する機会を設ける活動が効果的ではないかと考えます。

⑤ Self-reflection モデルの提案

本研究では、子どもたちが自己調整スキルを発揮し、創造物を評価・分析し、改善することをねらいとした Self-reflection モデルを開発しました。そして、本モデルで学んだ子どもが自己調整スキルを発揮し、学習を進めることにつながったかを、子ども及び保護者のフィードバックから導き出された改善案と創造物の修正事項の関連を分析することを通して検証しました。

本モデルを基に、授業実践を実施し、効果を検証したところ「『分析A』活動ごとの改善案と修正事項の関連」から、どのグループも概ねフィードバックから抽出した評価時改善案を座標軸で分析し、改善計画書にあげて創造物を改善するといった本モデルの流れで自己調整スキルを発揮して学習を進めていたことが明らかになりました。また、「フィードバックにおける改善案と関連した修正事項の総数」に比べ「A、B、Cの改善案と関連した修正事項」が少なかった2班の活動の様子を観察した結果、フィードバック結果から改善案を抽出する際に、必ず改善を行うと判断したものは座標軸での分析から除外し、分析方法を工夫していました。さらに、2班は、「C（フィードバックの分析後に作成した改善計画書：図3）の改善案のみと関連した修正事項」が子ども対象のフィードバック・フォームから導き出された改善案に関連した修正事項数で1件（表4）、保護者対象のフィードバック・フォームから導き出された改善案に関連した修正事項数で10件（表5）見られたことから、2班の子どもたちは、フィードバックの分析後に再度、創造物を見直し、改善箇所を特定して改善案に追加していたと考えられ、本モデルが自己調整スキルを発揮するうえで効果的であることが明らかになりました。

次に「『分析B』分析時改善案と計画時改善案及び修正事項数の関連についての分析」から、子どもたちは、評価時改善案の中から座標軸で分析をしたほとんどの改善案を修正することができていました。また、座標軸で分析をすることで、改善の必要性が低いと判断した改善案をその後の活動で除外しているグループ（4班）もあったことから、座標軸で分析することが創造物を改善する活動に効果的であることが明らかになりました。これらのことから、フィードバックを分析し、改善計画書を作成するという流れで活動を行うことで、自己調整スキルを発揮し、その後の活動を見通して、創造物を改善することができたと考えられます。したがって、本モデルの過程で授業を行うことが、子どもたちの自己調整スキルの発揮を促し、主体的に学習を進めることに効果的であることが明らかになったと考えられます。

また、「分析時改善案と計画時改善案及び修正事項数の関連についての分析」で抽出した2つの班を比較したところ、どちらも子ども・保護者によるフィードバックを基に、自己調整スキルを発揮して創造物の改善を実施していました。しかし、お互いのグループが作成した創造物を鑑賞し合い、自らのグループの創造物を自己評価する機会を設定することで、さらに多角的に創造物を評価し、よりよく改善することができたのではないかと考えられ、創造物を自己評価する活動についての今後の研究課題を得ることができました。

最後に、本研究での成果を基に、Self-reflection モデルを改訂し、他教科・領域で汎用的に活用することができる新たなモデルを示します（図5）。実践を踏まえて本モデルを改訂したところは、学習の大きな流れ、「実行する」「振り返る」「見通す」をフェーズとして示し、実践において「活動」と示していたところを「プロセス」として「スキル」と対応する形に改訂しました。このように改訂をすることで、「振り返る」フェーズが、「評価」「帰属」「適用」のプロセスで進むことが明らかになり、了解性が高まると考えました。

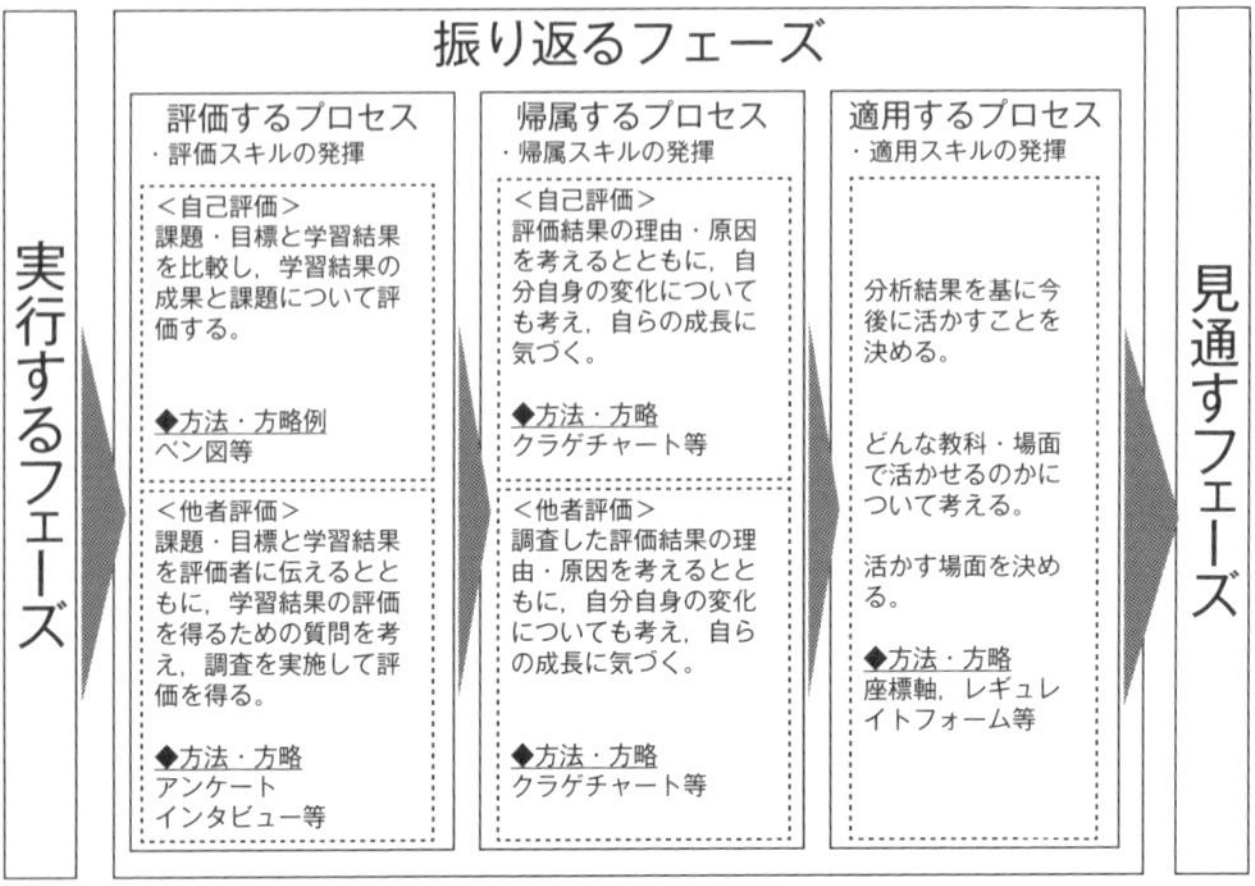
振り返るフェーズ
実行するフェーズ
評価するプロセス
・評価スキルの発揮
＜自己評価＞
課題・目標と学習結果を比較し，学習結果の成果と課題について評価する。
◆方法・方略例
ベン図等
＜他者評価＞
課題・目標と学習結果を評価者に伝えるとともに，学習結果の評価を得るための質問を考え，調査を実施して評価を得る。
◆方法・方略
アンケート
インタビュー等
帰属するプロセス
・帰属スキルの発揮
＜自己評価＞
評価結果の理由・原因を考えるとともに，自分自身の変化についても考え，自らの成長に気づく。
◆方法・方略
クラゲチャート等
＜他者評価＞
調査した評価結果の理由・原因を考えるとともに，自分自身の変化についても考え，自らの成長に気づく。
◆方法・方略
クラゲチャート等
適用するプロセス
・適用スキルの発揮
分析結果を基に今後に活かすことを決める。
どんな教科・場面で活かせるのかについて考える。
活かす場面を決める。
◆方法・方略
座標軸，レギュレイトフォーム等
見通すフェーズ

図5　Self-reflection モデル

また、それぞれのプロセスで子どもたちがプロセスに応じたスキル（「評価する」プロセスにおいて「評価」スキルを発揮して学ぶ）を発揮して学ぶことになり、プロセスとスキルの関係が理解しやすくなると考えます。

なお本モデルは今まで具体化されていなかった「Self-reflection」から「Forethought」への具体的なプロセスをモデル化して示しています。このように示すことで、1時間の授業の成果や課題を次の授業につなげたり、単元を通して創り出した新たな価値を改善したりする際に効果的に用いることができると考えます。

図5では、本研究で明らかになった成果と課題を基に、それぞれの活動における具体的な活動内容と学習方法を他者評価及び自己評価で実

施する場合を例にあげて示しています。ここで示された活動内容や学習方法は、今後の学校現場において、子どもたちが自己調整スキルを発揮して学ぶ単元・授業を構築するうえで、1つの足がかりになると考えます。

※本節は、木村明憲、黒上晴夫「ICTを活用した自己調整スキルを発揮して学ぶ学習モデルの開発」(日本教育工学会論文誌　第46巻　第3号)を編集した内容です。

終章
自己調整学習の重要性

これまで本書では、子どもたちが生活や学習において自己調整することの大切さや、どのような場面にどのような方法で調整するのかについて述べてきました。最後に、私が「調整する力を高めることはとても大切なことなんだ！」と実感した2つの場面を紹介し、本書を締めたいと思います。

1　主体的に調整しようとする子どもたち

2022年9月、私は鹿児島県の霧島市立牧園小学校を訪問しました。そして、セミナー等で知り合った芭蕉なるみ先生の3、4年生の授業を参観させていただきました。

この学校の3、4年生は複式学級で、3年生と4年生の子どもたちが同じ教室で学んでいました。日本では異なった学年の子どもたちが1つの教室で学ぶと、1つの教室で2つの授業が同時に行われることになります。すなわち、3年生には3年生の内容とゴールがあり、4年生には4年生の内容とゴールがあるため、同じ教室にいても一緒に学ぶことが

図１　牧園小学校の３，４年生の教室の様子

できないのです。芭蕉先生の学級では、図1のように3年生が左側の黒板を向いて学び、4年生が右側のホワイトボードを向いて学んでいました。私が参観させていただいたのは算数の授業で、授業のチャイムが鳴るとそれぞれの学年の日直が号令をかけ、別々に授業がスタートしました。先生は、3年生と4年生の子どもたちが全員見える場所に立ち、子どもたちが授業を始める様子を確認されていました。

あいさつの後も、それぞれの学年で授業が進んでいきました。私には、**どちらの学年の子どもたちも「自分たちで学習を進めていくんだ」という強い意識をもちながら学習に取り組んでいる**ように見えました。

授業では、まず、日直が前に出て司会役となり「今日の学習のめあては何ですか」と全員に問いかけていました。その問いかけに対して座っている子どもたちが挙手をして、その時間のめあてを発言していました。次に、めあてが決まれば、全員で教科書の

図2　司会がめあてを確認している様子

問題文を確認し、その問題に個人で取り組む時間がはじまりました。先生は、このように主体的に授業を進めようとする子どもたちを観察しながら、学習の進め方について助言をしたり、学習内容についてつまずいている子どもの傍に行って、支援をしたりしていました。

個人で問題の解決に取り組む時間が終わると、日直が再び前に出て、考え方を交流する時間に入りました。3年生は、全員が1人ずつ話し、考えを交流する方法を選択し、4年生は、3～4人のグループで交流してから全体で共有する方法を選択していました。

このような子どもたちの姿を参観し、複式学級という特性が、子どもたちの「自ら学習を進めていくのだ」という意欲を高めるきっかけになっているのだと感じました。

この学級の子どもたちがやろうとしていたことは、授業における学習全体の調整です。4月からこのような形態で学びを続けていることや、先生が子どもたちに学習の進め方を日常的に指導されていることもあり、子どもたちは自分たちで学習を調整しながら学ぶことに慣れているように感じました。

ただ、先生が中心になって授業を進めるのに比べると、次の学習活動に移る際に時間を要したり、学習の途中で課題や目標からズレていることに気づくことが遅くなったりする様子も見られました。このような課題は、子どもたちが学習を調整するうえで仕方のないことだと思います。ただ、本書で紹介したレギュレイトフォームや、学習確認・調節フローチャートを活用することで、このような課題がある程度克服されるのではないかと考えます。

レギュレイトフォームは、学習の課題・目標、そして、単元の計画と1時間の計画を明らかにします。このフォームを携帯することで、取り組んでいる学習活動の時間配分や次に行う活動の見通しをもつことができ、子どもたちがテンポよく学習を進めることができるようになります。また、学習確認・調整フローチャートを使って学習を確認する活動を何度か経験することで、適切に学習が進んでいるのかを自ら確認し、調節することができるようになると考えます。

複式学級で学ぶ芭蕉学級の子どもたちの姿を参観し、子どもたちが学習を調整しながら学ぶことが重要であると改めて感じました。また、**教師は、子どもたちが学習を調整するための方法を教え、主体的に調整することができるよう支援を行っていく必要がある**ということにも気づくことができました。

本書で紹介したフォームやチャート、カードが読者の皆さんの学級や家庭に届き、子どもたちの自己調整スキルを育成する一助になれば幸いです。

2　自己調整が与えるもの

私が大学教員として着任したのは2021年の4月でした。大学では新型コロナウイルスの感染防止のための対策が取られており、授業開始から1か月間は対面授業ができたものの、5月からは感染拡大防止のためオンライン授業に変更になりました。勤務先の大学では、学生のインターネット回線を考慮し、オンデマンドでのオンライン授業を実施することになりました。オンデマンドのオンライン授業とは、大学のサイト内に授業動画をアップロードし、その動画を学生が視聴して学習を進めるという授業形態です。学生たちは、決められた期間内に動画を視聴し、その動画内で告げられる課題に一生懸命取り組み、課題を提出していました。

6月、新型コロナウイルスの感染状況が落ち着き、対面授業が復活しました。学生たちは、授業を受けられることや、友だちと会えることを心待ちにしていたような表情で教室に入ってきました。学生たちのこのような姿から、だれかと共に学ぶことはとても大切なことであると改めて感じました。

私は、学生たちの自粛期間中の学びについて知るために、オンライン授業はどうであったのかについて聞きました。「〇〇の課題が難しかった」「△△についてはわかりにくかった」などの返答を予想していましたが、何名かの学生から意外な答えが返ってきました。それは次のような内容でした。

「動画を見る時間がうまくつくれなかったです」

「課題に取り組む時間を決めることが難しく、気がついたら期限ギリギリになってしまいました」

「4月から一人暮らしを始めたのですが、起きる時間、食事の時間、買い物の時間、お風呂の時間、寝る時間、そして動画を見て課題をする時間など、すべて自分で決めなければならなかったので大変でした。生活リズムって本当に大切だと思いました」

これらの返答は、課題の内容ではなく、生活の中でいつ、どこで課題に取り組むのかという学びに向かうことについての返答です。**学生たちは、課題の内容ではなく、学習や生活を調整することに苦労していた**のです。

　このような学生たちの返答を聞き、私は、小学校で授業をしていたときに、子どもたちが学習や生活を調整する取組をしてきたのかということについて振り返りました。よく考えると、学校生活の様々な場面において、子どもたちが主体となって生活を調整するような取組をしてこなかったことに気づき、反省しました。また、授業においても、子どもたちに学習計画を示してはいたものの、その計画を基に子どもたちが自ら学習を調整することができるような授業は十分にできていなかったということにも気がつきました。

　学生たちのこのような返答から、子どもたちが大学生になったとき、一人暮らしをしたとき、そして就職したときに、「自分の生活ですべきこと」「学習や仕事としてすべきこと」そして「自分がしたいこと」のバランスをうまくとって、調整することができる力を小学校から意識して育成していくことがとても大切であると感じました。

　生活や学習、仕事を調整することができるということは、「やらなければならないこと」を締切に間に合うように取り組むことができるということだけではありません。「やらなければならないこと」がたくさんある中でも、うまく調整をすることで「やりたいこと」「やってみたいこと」などの趣味や夢に挑戦する時間を創り出すことができるということです。要するに、**日常生活をうまく調整できる力（スキル）を身につけることが人生その**

ものを豊かにすることにつながるのです。

学習を調整する力は、仕事を調整する力に直結します。学校教育の中で自己調整スキルを高め、学習を調整しながら学ぶ習慣が培われれば、効率よく仕事をしながら、プライベートの時間も充実させることができるようになると考えます。

子どもたちの豊かな人生 Well-Being のために、我々は子どもたちが日常生活や学習を主体的に調整する環境を整えていかなければならないのではないでしょうか。

※本書で紹介した自己調整学習についての資料を、以下のサイトで紹介しています。
教材等はダウンロードすることもできるようになっています。
ご活用いただけたら幸いです。

参考・引用文献

安彦忠彦（２０１４）「コンピテンシー・ベース」を超える授業づくり、図書文化
Aldinga Payinthi College（2022）Guideline Supporting Regulation
OECD（2018）The future of education and skills: Education 2030.
https://www.oecd.org/education/2030/E2030%20Position%20Paper%20(05.04.2018).pdf
伊藤崇達（２００９）自己調整学習の成立過程、北大路書房
自己調整学習研究会（２０１２）自己調整学習―理論と実践の新たな展開へ、北大路書房
鹿毛雅治（２０１３）学習意欲の理論―動機づけの教育心理学、金子書房
木村明憲、黒上晴夫、堀田龍也（２０１６）情報学習支援ツール、さくら社
木村明憲、黒上晴夫、堀田龍也（２０１９）単元縦断×教科横断、さくら社
木村明憲（２０２１）Think Training
https://www.ak-learning.info/think-training
木村明憲（２０２２）主体性を育む学びの型、さくら社
木村明憲、黒上晴夫（２０２２）ＩＣＴを活用した自己調整スキルを発揮して学ぶ学習モデルの開発、日本教育工学会論文誌　第46巻　第３号

https://www.jstage.jst.go.jp/article/jjet/46/3/46_46005/_article/-char/ja/
木村明憲、黒上晴夫（２０２２）自己調整スキルの育成を促すレギュレイトフォームの効果、日本教育工学会論文誌　46巻　Suppl.号
https://www.jstage.jst.go.jp/article/jjet/advpub/0/advpub_S46017/_article/-char/ja/
黒上晴夫（２０１５）子どもの思考が見える21のルーチンーアクティブな学びをつくる、北大路書房
文部科学省（２０１７）小学校学習指導要領
文部科学省（２０１７）中学校学習指導要領
文部科学省（２０１８）高等学校学習指導要領
文部科学省（２０２１）学習指導要領の趣旨の実現に向けた個別最適な学びと協働的な学びの一体的な充実に関する参考資料
文部科学省（２０１９）児童生徒の学習評価の在り方について（報告）
SCHUNK, D.H and ZIMMERMAN, B.J（1998）Self-Regulated Learning―From Teaching to Self-Reflective Practice―.　The Guilford Press

おわりに

本書では、学習者が自ら学習を調整しながら学ぶことについて述べてきました。

子どもたちが学習を調整しながら学ぶことができるようになるためには、調整するためのスキルを身につけることと、学習を調整して学ぶプロセスを理解することが必要であると考えます。したがって、自己調整学習を導入すると、子どもたちがすぐに主体的に学ぶようになるわけではないのです。自己調整スキルを意識しながら、様々な教科で学習を調整することを繰り返し経験することで、少しずつ主体的に学ぶことができるようになっていくのです。

私は、子どもたちが主体的に学ぶことができるようになるために、様々な学習スキルを身につけていく必要があると考えています。自己調整スキルもその中の1つです。子どもたちがスキルを身につけるためには、2つの段階があると考えます。

1つ目の段階は、スキルを育成する段階です。この段階では、子どもたちがスキルを意識して学ぶことができるようになることを目指します。そのためには、まず、スキルを身につける必要性を子どもたちが感じることが大切です。これは、身につけたスキルが将来、

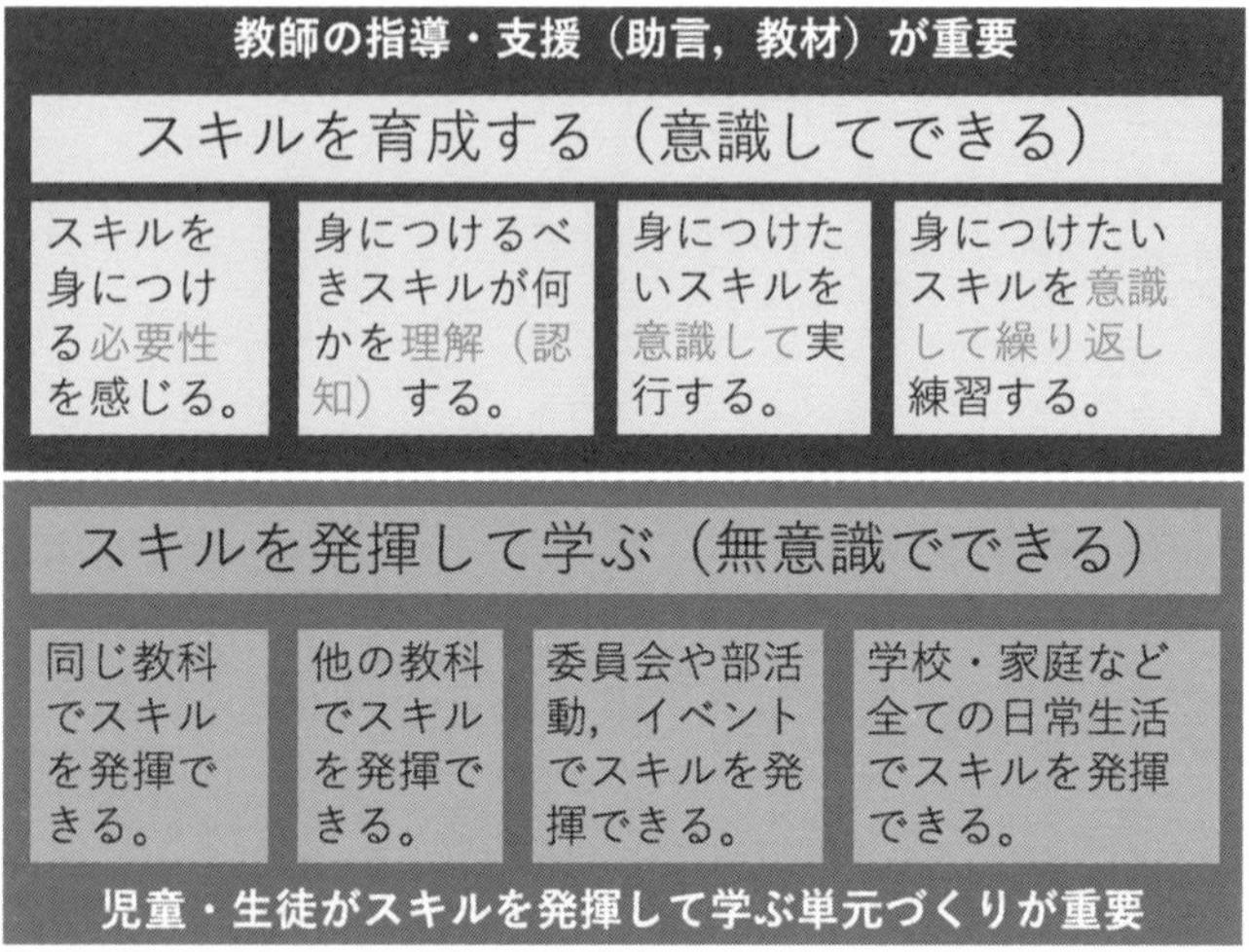

教師の指導・支援（助言，教材）が重要
スキルを育成する（意識してできる）
スキルを身につける必要性を感じる。
身につけるべきスキルが何かを理解（認知）する。
身につけたいスキルを意識して実行する。
身につけたいスキルを意識して繰り返し練習する。
スキルを発揮して学ぶ（無意識でできる）
同じ教科でスキルを発揮できる。
他の教科でスキルを発揮できる。
委員会や部活動，イベントでスキルを発揮できる。
学校・家庭など全ての日常生活でスキルを発揮できる。
児童・生徒がスキルを発揮して学ぶ単元づくりが重要

図１　著者の教師経験と信念ピラミッド（後藤壮史氏作成）

どのような場面で活かされるのかということを知ることで必要性を感じることができます。次に、身につけるべきスキルがどのようなスキルなのか、どのように学習すればそのスキルが高まるのかということを理解することが重要です。このことを理解していなければ、スキルを高めるための練習（トレーニング）を意識して行うことができません。最後に、身につけたいスキルを意識しながら、何度も繰り返しトレーニングすることです。このような手順でスキルを高めるには、授業中の教師の助言や教材の提示が重要であると考えます。

　学習スキルを高めるトレーニングを積

み重ね、スキルが育成されてきたら、スキルを発揮して学ぶ、2つ目の段階に入ります。「発揮する」とは、考えなくても無意識でできる状態を指します。無意識でできるようになるためには、教師がスキルを発揮して学ぶ単元を構想し、実施していく必要があります。そのような授業を教科横断的に展開していくことで、子どもたちは、まず、決まった教科でスキルを発揮することができるようになります。次に、他の教科で身につけたスキルを発揮することができるようになります。さらに、学校行事等でスキルを発揮することができるようになり、最後は、日常生活でスキルを発揮することができるようになるのです。

本書では、子どもたちが主体的に学びを進めるために育成すべき自己調整スキルを示してきました。これらのスキルを育成し、様々な場面で発揮させることができるようになるためには、図1に示した手順で、子どもたちの自己調整スキルを高めていく必要があります。本書で示した学びを、子どもたちが何度も繰り返し経験することで、主体的に学びを進める自己調整学習者が数多く育ってくれることを願い、締めさせていただきます。

木村明憲

2023年2月

【著者紹介】

木村　明憲（きむら　あきのり）

1977年生まれ。京都市立小学校、京都教育大学附属桃山小学校勤務を経て、現在桃山学院教育大学人間教育学部講師。博士（情報学）

2010年京都市総合教育センター研究課研究員として京都市のICT活用、情報教育を研究し、京都市の情報教育スタンダードを作成。2012年パナソニック教育財団の特別研究指定を受ける。

2011年文部科学省 情報活用能力調査 作問委員。2016年 NHK「しまった！　情報活用スキルアップ」番組委員、2018年文部科学省委託事業「ICT を活用した教育推進自治体応援事業『情報活用能力調査の今後の在り方に関する調査研究』」問題作成等委員会委員。

主著に『情報学習支援ツール』（2016年、さくら社）、『単元縦断×教科横断』（2020年、さくら社）、『主体性を育む学びの型　自己調整、探究のスキルを高めるプロセス』（2022年、さくら社）

自己調整学習

主体的な学習者を育む方法と実践

2023年３月初版第１刷刊　©著　者　木　村　明　憲
2024年４月初版第５刷刊　発行者　藤　原　光　政
発行所　明治図書出版株式会社
http://www.meijitosho.co.jp
（企画）矢口郁雄（校正）大内奈々子
〒114-0023　東京都北区滝野川7-46-1
振替00160-5-151318　電話03（5907）6701
ご注文窓口　電話03（5907）6668

＊検印省略　組版所　株　式　会　社　カ　シ　ヨ

Printed in Japan　ISBN978-4-18-213429-6